タロットが導く！私へ還る巡礼の旅

自分らしい生き方を手に入れるための秘訣

やはたえつこ 著

セルバ出版

献辞

　パメラ・コールマン・スミス女史に、タロットへの情熱と才能に感謝の意を捧げます。

　彼女の美しいアートワークと創造力は、タロットの世界を永遠に変えました。

　本書は、スミス女史の遺産をたたえ、彼女のカードデザインがもたらす魔法を探求し続ける手助けとなることを願っています。

はじめに
—はじめてのタロット、初心者のための本書の特徴と使い方ガイド

タロットで、自分を再発見し、人生設計を見直す旅に出よう

　心の中にひそむ無数の疑問や希望。その答えや方向性を探る一助として、本書を手に取っていただき、心より感謝しています。

　私自身の経験を少し共有させていただきます。

　20年前、私は陶器店で働いていたある日の霊能者との出会いで、私の人生は大きく変わりました。その方によってタロットカードの存在を知り、私は講習を受けることになったのです。

　しかし、3回の講習では、理解するのが難しく、1度はタロットから距離を置いてしまったのです。しかし、娘からの「占って欲しい」という頼みが、再びタロットと向き合うこととなり、神田の古本屋街で数多くのタロットの本を買い、読み込む中で、私の学び方や理解の方法を見つけました。

　そしてある夜、胃の痛みを伴い、心の中で「正義」と「死神」というタロットカードが浮かび上がり、痛みが和らいだのです！

　この驚くべき体験により、私のタロットへの信頼を一層深めることとなりました。

　リーディングを通して得られる洞察は、あなたの人生の物語を豊かにし、未来への方向性を示してくれます。ですが、最終的な選択はあなた次第なのです。

　本書の中の情報を参考に、自らの人生設計を見直し、豊かな未来を築く手助けとしていただけると嬉しいです。そして、すべてを信じる必要はありません。

　本書の中で共鳴する部分、心に響く部分だけを取り入れて、あなたの人生の旅をより豊かにしていただきたいと思います。

本書を通して、あなたらしさを大切にし、それを輝かせる勇気を持って歩み続けるサポートができたら嬉しいです。

　ちなみにあなたは、タロットカードで何をききたいですか？

　過去の経験やこれからの未来についての疑問、また日常の悩み。タロットカードは、それらの質問への回答やヒントを提供することができます。

　近年、多くの人々が自らの人生の方向性を見直す"風の時代"とも言われる中、これまでの歩みとこれからの道のりを見直す重要な時期を迎えています。

　そんな人生の中心にあるのが「人生設計」という考え方です。このアプローチは、「これからの自分の生き方は？」というシンプルな問いを大切にするものです。

　しかし、タロットから得る情報は絶対かというと、それは「いいえ」です。

　タロットは、過去の経験、現在の状態、そして未来の可能性を映し出す鏡のような存在です。しかしそれは、絶対的な未来を示すものではありません。むしろ、現在の状況や選択に基づいて可能性としての未来を示しています。

　それでは、あなたがタロットカードを使えるようになったらどんなことが起こってくるでしょう？

　自分自身の感受性や直感が鋭くなり、日常生活の中での選択や方向性をより明確に感じることができるようになるでしょう。

　また、他人とのコミュニケーションや人間関係においても新たな考え方や理解を得ることができるかもしれません。

　本書では、タロットの大アルカナの 22 枚のカードについて学びます。これらのカードの意味やメッセージを理解し、私たちの日々の生活にどう活かすかについて考えます。

タロットは、昔から伝わる知恵と現代の心理学が合わさった、自分を深く知るためのツール。

　特に、タロットリーディングという方法を使って、全部で 78 枚あるカードが、私たちの人生の指針となり、自分自身をよりよく理解する手助けをしてくれます。

本書の特徴

　それでは、まず本書の特徴についてお伝えさせていただきます。

① 感じる力が強くなります

　タロットのメッセージは、普段見落としがちな小さな驚きや発見をクリアにしてくれます。本書を読んでいただくと、毎日の生活がもっと意味深く、楽しいものになるかもしれません。

② どうすればよいかがわかるようになります

　人生で迷ったとき、タロットが最適なアドバイスを与えてくれます。本書を読むことで、タロットの助けやアドバイスの力を深く感じ取ることができるでしょう。

③ 古代の知恵と数秘の面白い組み合わせ

　タロットカードと数字の組み合わせには特別なものがあります。タロットカードは、私たちの心の中を映し出す鏡のようなものです。タロットと数秘学とのユニークな関係を楽しく探ってみましょう。

④ 自分らしさと人生の計画

　本書の中心的内容は「自分らしさ」と「人生の計画」です。これは、自分にぴったり合った人生を築くための基盤となります。

　また、これらのテーマは、本書全体にわたってタロット解説の根底を流れているメインテーマです。タロットを通じて、自分自身を深く知ることと、個性を大事にした人生設計を描いていくための理解とサポートが、本書から得られます。

⑤ 毎日の疑問や不安が消えるかもしれません

　タロットカードの解説やメッセージは、日常の悩みや疑問をやわらげてくれるかもしれません。本書を開くたびに、新しい気づきやアイデアに出会えることでしょう。

本書の使い方

　次に本書の使い方についてお伝えさせていただきます。ポイントは５つあります。

①心に小さな疑問や問題が浮かんだときは、本書を開き、タロットカードのメッセージやタロットと数秘とのつながりを感じながら答えやヒントを探ってみましょう。

②目を閉じて、直感を信じて大アルカナのカードの解説のページを開いてみてください。そのカードやメッセージが、今のあなたにどんな意味があるのかを感じてみるのも１つの方法です。

③本書では、あなたの生年月日をもとに、数秘とタロットの関係を紹介しています。自分のエネルギーや運命を感じる手法として、ぜひ参考にしてみてください。

④人生の新しいステージや変わり目を迎えるときに、本書をそばにおいて、心のヒントやアドバイスとして、活用してください。

⑤リラックスしたいとき、タロットの魔法で、瞑想や直感を高める方法も試してみてください。あなたの新しい可能性に気づけるかもしれません。

　逆位置についても少しだけお話しします。

　タロットカードは、正位置と逆位置の２つの向きで読むことができます。本書では、逆位置も読むので、カードを逆さまの向きであらわれたときの意味も採用しています。

逆位置は、カードの持つエネルギーが遮られたり、何か違う視点ややり方が必要だということを教えてくれます。

　本書では、各カードの逆位置の意味もしっかり説明していますので、カードの深い意味を理解するのに役立ててください。

　そして、このタロットの旅を通じて、あなたの人生がもっと豊かで、意義のあるものに変わっていくことを心から願っています。

2024年2月

やはた　えつこ

タロットが導く！　私へ還る巡礼の旅
　　　　　　～自分らしい生き方を手に入れるための秘訣　目次

はじめに
ーはじめてのタロット、初心者のための本書の特徴と使い方ガイド

第1章　タロット、魔法のはじまり

第2章　あなたの直感を開花させる
　　　　　タロットカード＆数秘

第3章　大アルカナは人生の大きなテーマを
　　　　伝えてくれる

第4章　実践！　タロットカードとの対話は
　　　　超楽しい！

第5章　小アルカナは日常の中でのメッセージと　　　ヒントを伝えてくれる

第6章　さあ！　78枚のタロットカードで　　　占ってみよう

第1章　タロット、魔法のはじまり

1 古代エジプトとタロットの秘密の関係性とは

タロットカードの起源はいまだに謎に包まれている

　タロットカードと古代エジプト、どうやらこの2つには秘密の関係があるかもしれません。

　タロットは、もともと15世紀ヨーロッパでポピュラーなカードゲームでした。

　でも、その後、人々はこれらのカードのもっと深い意味を見出しはじめたんです。

　さて、舞台は18世紀のフランスへ。この頃の占星術師の神秘主義者たちは、なんとタロットのルーツを古代エジプトに求めはじめました。彼らがいうには、「タロットはエジプトの神々や宇宙観と深い関係があるんじゃないのか」と。

　でも、ちょっと待ってください。これ実はそんなに根拠がある話ではないのです。

　現代の専門家たちは、このエジプト起源には結構懐疑的です。直接的な証拠は見つかってないし、タロットが中世ヨーロッパで独自に発展したと考える人も多いのです。

　でも、エジプトの象形文字や古代の神話がタロットカードに影響を与えていると想像してみると、なんだかワクワクしませんか？

　確かなことは、タロットカードの起源はいまだに謎に包まれているということ。

　神秘主義者たちの創造的な解釈が、この謎にさらに色を加えています。

　真実はどうあれ、タロットカードが今もなお多くの人々を魅了するのは、その豊かな象徴世界にある魅力のためだと思います。

2 いにしえのトランプゲームから魔法に輝く
　タロットへの変化

新しい息吹をもたらしたパメラ・コールマン・スミス女史

　想像してみてください。15 世紀のイタリア・ルネッサンスが華
やかに花開くなか、タロットカードが大変身を遂げる瞬間を。かつ
ては単なるトランプゲームだったカードたちが、アーティストたち
の手によって、真の芸術作品へと華麗に変わります。彼らが 1 枚 1
枚丁寧に描いたカードは、まるで時間を超えた美術館の展示品のよ
う！　当時のイタリアの文化や色彩が、これらのカードからいきい
きと伝わってくるのです。

　そんな中、特に注目すべき 1 人がパメラ・コールマン・スミス女
史。彼女の創造したカードは、まるで小さなキャンパス。それぞれ
のカードが 1 つの物語を語り、その独創的なスタイルでタロットの
世界に新しい息吹をもたらしました。

　タロットの冒険はここで終わりません。トランプゲームからス
タートし、やがて占いや霊的な道具として使われるようになったの
です。友達や家族との楽しい集まりで未来を占ったり、おしゃべり
の中心になったり。タロットは単なる遊びを超え、心の中に深く根
を下ろしました。

　今やタロットは、世界中で愛される存在です。それぞれのカード
には、過去の夢や願い、恐れや願望が込められていて、私たちをル
ネッサンス時代の魔法のような冒険へと誘います。

　この物語は、タロットがただのゲーム以上のものであることを教
えてくれます。時間を超えたカードたちは、今もなお私たちの心と
魂を映し出す鏡なのです。

3 タロットの世界を広げた印刷の技術革新

印刷機の登場で手頃な価格で大量につくれるようになった

　何かすごいことが起きました。そう、グーテンベルクの活版印刷機の発明です。

　でも、ここで疑問が湧くかもしれませんね。どうやってこの発明がタロットカードに影響を与えたのでしょう？

　実は、この革新的な技術が、タロットカードの世界を根本から変えたんです。

　活版印刷機の登場まで、タロットは全部手作業でつくられていたのです。考えてみてください。1枚1枚丁寧に描いて...それはそれで素敵だけど、ものすごく時間がかかるし、カードが手に入る人も限られていました。

　でもグーテンベルクの活版印刷機があらわれると、もう話は別。これにより、タロットカードを大量に、そして手頃な価格でつくることができるようになったのです。

　これはもう、タロットカードの大革命といっても過言ではありません！

　カードがどんどん広まっていくと、タロットはもはや特別な人だけのものではなく、庶民の間でも楽しまれるようになりました。この活版印刷機のおかげで、私たちの知っているタロットカードの世界が広がったのです。

　だから、タロットカードを手にして占いを楽しんでいる今、ちょっと15世紀の革新に感謝してみるのもいいかもしれませんね。

　グーテンベルクのおかげで、タロットは今や世界中の人々に愛される存在になったのですから。

4 ヨーロッパを旅したタロットカードたち

魅力あふれるカードへと成長

　タロットカードたちのヨーロッパ大旅行、聞いてみたいですか？

　イタリアが発祥の地とされるタロットは、まるで冒険心に満ちた旅行者のように、ヨーロッパ中を旅しました。フランス、スペイン、ドイツ…これらの国々を訪れるたびに、タロットは新しい友達をつくり、ちょっとずつ自分を変えていったのです。

　それぞれの国で、タロットカードはその土地の文化や美的感覚を吸収しました。多様なデザインやバリエーションが生まれ、タロットはただのカードゲームを超えて、芸術的な表現の一形態としても認められるようになりました。

　この旅を通じて、タロットはヨーロッパの多様性と芸術性をその身に宿し、今日私たちが知る色とりどりの魅力あふれるカードへと成長したのです。まさに、1枚のカードに込められた小さな世界旅行ですね！

5 タロットと黒魔術—神秘のベールをめくる

黒魔術だけがタロットのすべてではない

　タロットカードと聞くと、どんなイメージが浮かびますか？　神秘的な力、秘密の知識…そんなことを考えたりしませんか？

　実は、タロットには黒魔術や秘密の儀式との関連が噂されているのです。特に大アルカナの中の「死神」や「悪魔」のカードなんかは、ちょっとドキドキするような物語を持っているといわれています。

　オカルトの世界では、タロットを占星術や錬金術、カバラなどと

結びつけることも。

これらのカードが持つ象徴は、まるで秘密の扉を開ける鍵のようなものだといえます。

でも、実はタロットは、もっと日常的な使い方もできるのです。多くの人はタロットを、自己理解や霊的な成長のためのツールとして使っています。だから黒魔術という話は、中世の迷信やオカルトの復興の影響を受けているだけかもしれません。

タロットの歴史を辿ると、実はこのカードは私たちの心理や霊を探るための素晴らしいツールだとわかります。豊かな象徴と美しいアートワークには、心の探究や内省のための魅力がたっぷりと詰まっています。

ここでは、タロットと黒魔術の関係についてお話ししました。タロットの本当の魅力や可能性に焦点を当てながら、その神秘的な側面を探究しました。

でも、黒魔術だけがタロットのすべてではありません。タロットにはもっと深い、魔法のような世界が広がっています。

さあ、一緒にこの魅惑的な旅へ出発しましょう！

6 タロットの進化を導いた天才たち

タロットの生みの親たち

さて、タロットを愛する私たちにとって、この素晴らしいカードの歴史を形づくった重要な人物たちをご紹介しましょう。

彼らは「タロットの生みの親たち」として知られ、私たちタロティストに多大な影響を与えています。彼らの献身と才能により、タロットは今日の形に進化し、私たちのスピリチュアルな旅の貴重な道具となりました。

アレイスター・クロウリー

　アレイスター・クロウリーは、20世紀初頭の著名なオカルティストであり、タロットに新たなスピリチュアルな解釈をもたらしました。彼は自らの哲学と魔術の理論を取り入れた「トート・タロット」を制作しました。

　このタロットデッキは、古代エジプトの神秘主義とクロウリーの個人的な象徴体系を組み合わせることで、タロットの解釈に新たな次元を加えました。彼のデッキは、タロットを通じた内省と自己発見の道具として、今日でも多くのフォロワーに愛されています。

パメラ・コールマン・スミス

　パメラ・コールマン・スミスは、アーサー・エドワード・ウェイトの指導のもと、ライダー・ウェイト・タロットデッキのイラストを制作しました。彼女のアートワークは、タロットの象徴性を直感的に理解できるように設計されており、それまでのタロットデッキには見られなかった詳細なイメージが特徴です。スミスの描いたカードは、情感豊かで物語性があり、視覚的な美しさとともに、カードの意味を深く伝える力を持っています。彼女の作品は、タロットの普及とアクセシビリティを大きく進めることに貢献しました。

アーサー・エドワード・ウェイト

　アーサー・エドワード・ウェイトは、タロットの研究と解釈において重要な役割を果たした人物です。彼は、パメラ・コールマン・スミスとともに、現代で最も広く使用されているライダー・ウェイト・タロットデッキを制作しました。ウェイトは、タロットカードの意味や象徴を一般の人々にも理解しやすい形で解説し、そのガイドブックはタロットを学ぶ者にとって貴重なリソースとなっていま

す。彼の深い知識と解釈は、タロットのスピリチュアルな側面を探究する上で、今なお大きな影響を与えています。

エリファス・レヴィ（カモワン）

　エリファス・レヴィは、19世紀のオカルティストであり、西洋魔術と神秘主義の復興に貢献しました。彼は、タロットの象徴性とそれが持つスピリチュアルな力についての研究を行い、タロットを占星術だけでなく宇宙の真理を解き明かす鍵として提唱しました。レヴィの著作は、タロットの象徴を深く掘り下げ、その知識を後世に伝えることで、タロットの理解を新たなレベルに引き上げました。

ウィリアム・ライダー＆サン

　ウィリアム・ライダー＆サンは、アーサー・エドワード・ウェイトとパメラ・コールマン・スミスが制作したタロットデッキを出版した出版社です。ライダー・ウェイト・タロットデッキの出版により、タロットは広範囲にわたる一般大衆に受け入れられるようになりました。このデッキの普及は、タロットの象徴性をより深く、かつ広く理解するきっかけを提供し、現代のタロットリーディングの基礎を形成しました。

　これらの人物は、タロットの歴史と発展に大きく寄与しました。彼らの貢献によって、タロットは今日も広く愛用され、スピリチュアルな成長や洞察を追求する手段として進化し続けています。

　それでは、これらの先人たちの知恵を借りて、第2章ではタロットと数秘術の素敵な組み合わせを一緒に楽しみましょう。これは、タロットの世界への素敵な最初の一歩です。数秘術を使って、タロットカードとの出会いをもっと身近に感じてもらえたら嬉しいです。

第2章　あなたの直感を開花させる
タロットカード＆数秘

1 タロットの絵があなたを開花させる直感の扉

数秘について聞いたことはありますか？

それぞれの数字には特別な意味があるのです。

たとえば、1は新しいスタートやリーダーシップを象徴しています。タロットでは、「魔術師〔1番〕」がこれにあたり、創造力や自己実現、新しいはじまりのシンボルです。

また、2は協力やバランスを意味します。これには「女教皇〔2番〕」が対応し、知識と直感、うちなるバランスを象徴しています。

生年月日と誕生数のスペシャルな関係

みんなの生まれた日って、実はすごいヒントを隠しているのです。そう、「誕生数」のことです。この数字が、個性や人生のヒントを教えてくれるのです。

タロットの世界では、この誕生数がカードと結びついて、あなただけの特別なメッセージをくれるのです。

たとえば、あなたが3なら創造的で表現豊かな「女帝」のカードが、あなたのイメージにピッタリかもしれません。

数秘とタロット、面白いほどピッタリ

タロットカード1枚1枚には、数秘の意味が込められています。たとえば「運命の輪〔10番〕」は変化や新しいサイクルを象徴しています。

数秘学では、10は新しいスタートを意味しています。タロットの数字やテーマが数秘学と結びつくと、もっと深い理解を得ることができるのです。

カードの並べ方で変わるメッセージの魔法

　タロット占いではカードの並べ方がすごく大事。この配置を数秘学と組み合わせると、もっと自分に合ったメッセージが見つかります。

　たとえば、あなたの誕生数が「5」で、タロットの「鳳凰」のカードが未来の位置に出た場合、これは特別な意味を持つかもしれません。

　ただし、こうした解釈はタロットカードの理解が深まってからのほうがいいかもしれません。初心者の方は、まずはカードの基本的な意味からはじめて、徐々に複雑な解釈に挑戦してみてください。参考までに触れておきます。

　タロットと数秘学の関係を、簡単に説明しました。さて、次に、より深くあなた自身について探ってみましょう。「2　あなたの誕生日に隠された秘密をタロットと数秘で解き明かそう」で、あなたの生年月日に隠されている面白い秘密を探っていきます。

　「あなたの誕生日の秘密を知りましょう」、あなたの生年月日に隠されている面白い秘密や、それがどのようにあなたの個性や運命に関連しているのかを見ていきます。

2　あなたの誕生日に隠された秘密を　　タロットと数秘で解き明かそう

ソウルカードとパーソナルカード

　私たちには、それぞれソウルカードとパーソナルカードが与えられています。これらのカードは、あなたの人生に深い意味を持ちます。

まず、ソウルカードについて。

これは、過去生の影響をあらわし、前世での経験や学んだ教訓、持ち越された特質などを象徴しています。

このカードは、あなたが直面するかもしれない人生のテーマや課題を示し、魂の本質を理解するのに役立ちます。

次に、パーソナルカード。

これは、今生の目的や使命を教えてくれます。あなたがどの方向へ進むべきか、何を成し遂げるべきかを示し、成長の道を照らします。

パーソナルカードは、経験を通じて自己発見を促す手がかりを与えてくれるのです。

これらのカードを知ることで、自分自身の深い理解に到達し、人生の道をよりはっきりと進むことができるでしょう。

あなたのソウルカードとパーソナルカードの見つけ方
生年月日の数字を全部足してみよう

まずは、あなたの生年月日の数字をすべて足し合わせ、合計を出してみましょう。

例：1967 年 9 月 15 日生まれの場合 ⇨ 1 ＋ 9 ＋ 6 ＋ 7 ＋ 9 ＋ 1 ＋ 5 ＝ 38

2 桁の数字を 1 桁にしよう

2 桁になった数字をさらに足し合わせて、1 桁の数字にしましょう。

例：38 ＝ 3 ＋ 8 ＝ 11 ＝ 1 ＋ 1 ＝ 2

あなたのソウルカードの数字をみつけよう

最終的に得られた 1 桁の数字が、あなたのソウルカードをあらわします。

例：上記の場合、ソウルカードは「2」になります。

あなたのパーソナルカードの数字を見つけよう

・0 から 21 の範囲内の桁の数字であれば、それがあなたのパーソ
　ナルカードです。

例：1981 年 10 月 1 日の場合

$$\Rightarrow 1 + 9 + 8 + 1 + 1 + 0 + 1 = 21$$

　「21」がそのままパーソナルカードになります。

・22 以上の数字の場合

　もし誕生数が 22 以上の場合、その数字から 22 を引きます。そ
　こで得られた数字がパーソナルカードです。

例：誕生数が 22 の場合

$$22 - 22 = 0 \Rightarrow パーソナルカードは 0（愚者）$$

　誕生数が 38 の場合

$$38 - 22 = 16 \Rightarrow パーソナルカードは 16（塔）$$

3　数秘はあなたの誕生日の特別な運命を知っている〜タロット & 数秘で探るあなたの過去と未来〜

ソウルカードの意味

〔0〕**愚者：**過去に逃避した経験から学び新たな挑戦に向けて一歩を
　　　　踏み出す勇気があなたのなかにあります。
　　　　このカードは、未知への恐れを乗り越え、新しい道を探る
　　　　ことを促します。

〔1〕**魔術師：**過去に見過ごされた才能を再発見し、それらを活用
　　　　することが今生の課題です。
　　　　このカードは、自己表現と創造性の解放を促します。

〔2〕 **女教皇**：過去の逃避を乗り越え、内面の知恵と直感を信じる
　　　ことが重要です。
　　　女教皇は、深い洞察力と理解を通して、真実を見つけるこ
　　　とを促します。

〔3〕 **女帝**：過去の経験から感情と創造性の重要性を理解し、それ
　　　らを表現することが今生の課題です。
　　　女帝は、自己表現と感情的な充実を促します。

〔4〕 **皇帝**：以前は逃避したかもしれない組織や責任から、今はそ
　　　れらを整える力を発揮することが求められています。
　　　皇帝は、リーダーシップと自己規律を促します。

〔5〕 **法王**：過去の経験から学んだ教訓を活かし、深い学びや価値
　　　観への理解を他人にも伝えることが課題です。
　　　法王は、知識と教育の重要性を強調します。

〔6〕 **恋人たち**：過去の逃避から学び、人間関係において深い愛情
　　　と絆を築くことが今生の課題です。
　　　恋人たちは、心の選択と関係の深化を促します。

〔7〕 **戦車**：過去の挑戦から逃れた経験を乗り越え、目標達成に向
　　　けた努力と決意を持つことが課題です。
　　　戦車は、前進と勝利を象徴します。

〔8〕 **力**：内面の強さを発見し、過去の恐れや挑戦に立ち向かうこ
　　　とが今生の課題です。

力は、情熱と自己制御を促します。

〔9〕**隠者**：過去に背を向けた経験から学び、内省と知恵を深める
　　　　ことが重要です。
　　　　隠者は、自己発見と知恵の探究を促します。

パーソナルカードの意味

〔0〕**愚者**：新しいはじまりへの一歩、愚者は冒険への勇気を与え
　　　　てくれます。これまでの経験を活かし、新たな可能性へと
　　　　心を開いてみましょう。

〔1〕**魔術師**：秘められた才能と創造力を解き放つ魔術師。自分を
　　　　信じ、新しい道を探求してみましょう。

〔2〕**女教皇**：内面の知恵と直感を大切に。女教皇は、真実を探る
　　　　手助けをしてくれます。

〔3〕**女帝**：愛と創造性を豊かにもたらす女帝。自分を表現し、人
　　　　生に新しい色を加えてみましょう。

〔4〕**皇帝**：皇帝は、あなたの中の強さと安定を引き出します。経
　　　　験を生かし、人生に安定を築きましょう。

〔5〕**法王**：教育や指導への深い理解を称える法王。その知恵を周
　　　　りの人々とわかち合いましょう。

〔6〕**恋人たち**：人間関係の深い絆と愛が人生に豊かさをもたらし

ます。心の選択を大切にし、絆を育てましょう。

〔7〕**戦車**：目標達成への情熱と決意をサポートする戦車。信念を持って、挑戦を続けましょう。

〔8〕**力**：内なる強さを引き出す力。情熱を持ちながら、自己制御と調和を目指しましょう。

〔9〕**隠者**：内省と知恵の探究が、人生の理解を深めます。経験から得た知識を活用し、穏やかな心で歩み続けましょう。

〔10〕**運命の輪**：人生の変化と新しい機会を受け入れ、成長を楽しみましょう。変化は新たな可能性を開きます。

〔11〕**正義**：バランスと公正さを重んじる正義。心を落ち着かせ、公平な判断を下しましょう。

〔12〕**吊るされた男**：新しい視点から物事を見る勇気を教える吊るされた男。柔軟に考え、新しい発見をしましょう。

〔13〕**死神**：変革と再生の時、死神はあなたを導きます。古いものを手放し、新しいはじまりに向かいましょう。

〔14〕**節制**：人生のバランスと調和を心がける節制。心の平和を求めて、穏やかな日々を送りましょう。

〔15〕**悪魔**：自由と解放の必要性を教える悪魔。束縛から解き放た

れ、新たな自我を見つけましょう。

〔16〕**塔**：予期せぬ変化を迎えるとき、塔はあなたを強く支えます。
　　　困難を乗り越え、新たな道を歩みましょう。

〔17〕**星**：希望とインスピレーションを与える星。心に希望を抱き、
　　　夢に向かって進みましょう。

〔18〕**月**：月はあなたの内なる感情と直感を照らします。自己探求
　　　を通じて、真実を見つけましょう。

〔19〕**太陽**：明るさと活力をもたらす太陽。前向きな姿勢で、毎日
　　　を輝かせましょう。

〔20〕**審判**：新たな自己発見への準備を促す審判。内なる声に耳を
　　　傾け、新しい自分を見つけましょう。

〔21〕**世界**：達成と完結の喜びを祝う世界。目標に向かって努力し、
　　　成果を享受しましょう。

　これまでにタロットの歴史とその深い象徴的な意味についてお話
ししました。さて、ここからはタロットと私たちの直感との特別な
関係に目を向けてみましょう。
　タロットカードは、単なる絵柄を超えたものです。それは、私た
ちの心の奥にある知恵とつながる、魔法の鏡のような存在。
　この章では、タロットカードを使って直感力を磨く方法を一緒に
探っていきます。日々の小さな選択から、人生を左右する大きな決

断に至るまで、タロットはあなたの人生をより豊かで満ち足りたものへと導く手助けをしてくれることでしょう。

　タロットカードからの洞察を日常生活に取り入れることで、毎日をもっと楽しく、意味深いものに変えてみませんか？　さあ、直感の力を解き放ち、タロットカードの世界を一緒に探検しましょう。

　この旅は、あなたに新たな発見と豊かな経験をもたらすこと間違いなしです。

4　直感を育てたら、あなたの人生が楽しくなる！

直感って何？

　直感って、ふとした思いつきや閃き以上のものです。

　それは、私たちの深い部分、潜在意識からの小さな声なのです。潜在意識というのは、私たちが普段意識していない心の奥深くにある場所。

　ここから得られる情報が、直感として感じることができるのです。

　直感は、私たちが学んだことや知っていることを越えて、ふとした瞬間に心の中で感じることができる深い理解のことです。

宇宙とつながるワンネス

　もっと深く考えてみると、「ワンネス」という言葉が出てきます。これは、私たち誰もが宇宙とつながっているという考え方。私たちの潜在意識も、この大きな宇宙のネットワークの一部なのです。だから、個人の経験を超えた、もっと大きな知識や情報にも触れることができるのです。

　タロットカードは、このワンネスや潜在意識とのつながりを探るのに役立ちます。

タロットで直感を磨こう

　タロットカードの絵やシンボルを見て、何を感じますか？

　これらのカードが教えてくれるのは、私たちの内側や宇宙からのメッセージなのです。タロットカードを使って直感をどう鍛えるか、そしてそれが私たちの日常をいかに豊かで明るくするかを一緒に探っていきましょう。

　直感の力を解放し、日々の生活をもっと楽しむためのコツをタロットを友として、手軽にはじめてみましょう。

直感を呼び覚ますタロットの基本ステップ

　タロットカードを手に取り、その絵やシンボルをじっくり見てください。あなたに何が伝わってきますか？

　私たちの内側や宇宙そのものからの小さなメッセージを運んできて、カードを通じて直感を感じるのです。直感の力を解放して、日々をもっと楽しむ方法を見つけましょう。

　タロットという友を横に置いて、この旅を手軽にスタートしてみてください。

タロットカードの基本的な取り扱いについて

タロットカードを読み取るには、直感や感受性が必要ですが、カードを正しく取り扱う技術も重要 な役割を果たします。以下は、カードを扱う基本的な手順です。

①シャッフル

　カードをシャッフルすることで、エネルギーをリセットし、読み手や質問者のエネルギーと結びつきます。カードを何回か混ぜ、心地よいと感じるまでシャッフルを続けてください。

② カット

　シャッフルが終わったら、左手でカードをカットします。3つに
わける方法や、中央で2つにわける方法など、好きな方法でカット
してください。

③ カードの選択

　カードをカットしたあと、あなたが引くカードの山を直感で選び
ます。そして、インスピレーションに従って、必要な枚数のカード
を裏面のままで選んでください。

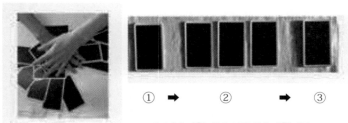

右回りにシャッフル

1つの山（①）を3つにわけた（②）あと、
最初にわけたときとは異なる順番でまた
1つの山に戻す（③）

④ カードの配置

　選択したカードを特定の配置やスプレッドで並べます。配置やス
プレッドは、質問やテーマに応じて選ぶことができます。

　はじめは慣れないかもしれませんが、繰り返し練習することで、
自分なりの取り扱い方法や流れを 見つけることができるようにな
ります。大切なのは、カードとのコミュニケーションを楽しむこと。
心を開き、直感に従ってカードとの対話を楽しんでください。

　ここでは、簡単に「シャッフル、カット、カードの選択、カー
ドの配置」などの基本的なステップに触れましたが、第4章では、
シャッフルやカットの手順を変える別の方法についても説明してい

ます。実践には多様なアプローチがありますので、ぜひ試してみて自分に合ったやり方を見つけてください。

　それではいよいよタロットカードを 1 枚引いてみましょう。 それぞれのカードには「愛と知恵」が込められていて、それを感じることで私たちの心の奥底と触れ合うことができます。

5　タロットで直感を磨く 4 つのステップ

4 つのステップ

　タロットカードと心の対話を楽しむことで、感じる力を育てましょう。以下の 4 つのステップは、あなたの直感を鍛え、タロットの不思議な世界を深く探求する手助けとなるでしょう。

①カードメディテーション

　毎日、タロットカードを 1 枚引いて、そのカードをじっくり観察してみましょう。色や形、シンボル、キャラクターに注目し、カードが発するエネルギーやメッセージを感じてみてください。この瞑想的な練習によって、各カードのエネルギーを直感で捉える力が高まります。カードに描かれている細部まで注意深く見ることで、あなた自身の内面や日常生活における潜在的なメッセージやシンボリズムに気づきはじめるかもしれません。このプロセスは、自己洞察と自己認識を深めるための強力なツールとなり得ます。

②日常の記録とタロット

　日記に毎日の出来事や感情を記録し、その日のカードを引いてみましょう。カードが示すアドバイスや洞察が、あなたの状況や気持ちとどのように結びついているかを考えてみてください。日々の小さな出来事とタロットの関連性を探ることで、生活に深みが増します。この実践を通じて、日々の経験をより意味深いものとして捉え、

自分自身の感情や反応に対する理解を深めることができます。また、日記とタロットカードの組み合わせは、個人的な成長と自己発見の旅において貴重な記録となり得ます。

③具体的な質問への答え

「今の私の感情は何か？」や「この問題に対するヒントは？」など、具体的な質問を持ちながらカードを引くことも素晴らしい方法です。カードが示す答えを直感で読み解くことで、タロットの深い洞察力を実感できるでしょう。このアプローチは、あなたが直面している課題や疑問に対して、新たな視点や解決策を見出すのに役立ちます。また、カードを通じて受け取る洞察は、あなた自身の直感や内なる声と対話する方法を教えてくれるでしょう。

④今日のカード

１日のはじまりにカードを引き、その日のテーマやアドバイスを考えてみましょう。夜になったら、その日の出来事とカードのメッセージを振り返り、どのように実現したかを確認してみてください。タロットカードが提供するガイダンスを活用することで、あなたの日常生活における意識的な選択と決断をサポートします。この実践は、自己認識を深め、より調和のとれた生活へと導くための一歩です。

＜タロットカードのリーディング例＞
①カードメディテーション
カードを引いた結果：「女帝」

・解説：「女帝」のカードを見ながら、そのカードが持つエネルギーを感じてみましょう。「女帝」は豊かさや母性、創造性を象徴しています。目を閉じ、このカードから流れてくる暖かさや慈悲のエネルギーを心に感じることができるでしょう。

②日常の記録とタロット

日記の内容：「今日は仕事でミスをしてしまい、落ち込んでいる」
カードを引いた結果：「塔」

・解説：「塔」は、突然の変化や挫折を示すカードです。しかし、このカードは同時に新しいはじまりや変化のチャンスも示しています。今日のミスは、新しい学びや成長のきっかけになるかもしれません。

③ 具体的な質問への答え

＊質問例：「今の私の心の中にある最も強い感情は何ですか？」
カードを引いた結果：「隠者」

・解説：「隠者」は、内省と瞑想を示すカードです。このカードが示すのは、あなたが現在、深く自分自身の内側を見つめているための時間を示しているか、またはそのような時間が必要だというサインかもしれません。

静寂の中での瞑想や自分の内面との対話を通じて、自分自身の感情や考えを理解する手助けとなるでしょう。

＊2枚のカードの組み合わせで読む場合＊

・質問例：「仕事を変えたいが、今はまだその時期ではない？」
カードを引いた結果：「運命の輪」「節制」

・解説：「運命の輪」は、変化や運命の流れ、サイクルの終わり目を示します。

ポジティブな面としては、新しいチャンスが訪れることを意味しますが、一方で、運命の流れに身を任せる必要があることも示しています。

「節制」は、バランスや調和を求めること、対立する要素の融合や中庸を意味します。また、時間をかけて慎重に物事を進め

るべきことを示します。

- 2枚のカードの組み合わせによる答え：新しい機会や変化の兆し
  は見えますが、「節制」のカードの助言に従い、焦らず、バラン
  スを取りながら現在の状況や感情を整理し、適切なタイミング
  を待つことがよさそうです。

  「運命の輪」と「節制」のカードの組み合わせは、変化とバランス、
  タイミングの重要性を強調しています。

今日のカード

カードを引いた結果：「愚者」

- 解説：「愚者」は、新しい冒険や経験の可能性が開かれているカー
  ドです。この日は慣れ親しんだ日常を一旦脇において、新しい
  ことに挑戦するチャンスが訪れるかもしれません。

  しかし、同時に「愚者」は無計画に物事を進める傾向があるの
  で注意が必要です。新しいことをはじめる際は、準備と計画を
  行いながら、勇気をもって一歩を踏み出してみてください。

この章を終えて、新たな旅への第一歩

　タロットの世界への旅は、小さな冒険のようなものです。時に、
自分自身と真剣に向き合う時間が必要になります。自分を深く知る
ことは少し怖いかもしれませんが、それは自分らしさを見つける旅
の重要な部分です。

　新しい発見や予期せぬサプライズが、日常を彩り、豊かにしてく
れます。ですから、リラックスして、自分だけのストーリーを楽し
んでください。

　タロットの世界で、あなたの心がどんな物語を紡ぐのか、一緒に
探ってみましょう。

第3章 大アルカナは
人生の大きなテーマを
伝えてくれる

この章では、タロットの大アルカナが描く「愚者の旅」を通じて、人生の多彩な道のりや選択を探ります。

　大アルカナの各カード22枚を、あなた自身の人生設計と自己発見の旅のガイドとして紐解いていきます。

　一緒に愚者の足跡をたどりながら、自分だけの喜びを見つけ出し、その追求を通じて、人生の豊かさを体験しましょう。

　本書のページをめくることで、あなたの心の中に隠された喜びと出会い、その感動の瞬間を深く味わえるかもしれません。

1 大アルカナカード 22 枚の物語と役割

◆ 人間界（魔術師～戦車）：日常の舞台

　この段階では、魔術師から戦車に至るカードが、私たちの日々の生活や社会での役割を映し出しています。愛、権威、教育など、生活の中心となるテーマがここで輝きます。

　私たちの多くはこのレベルでの経験に深く根ざしており、生涯にわたって、これらのテーマを探究し続けることでしょう。

　「戦車」のカードは、新しい目的や夢に向かって出発する旅の第

一歩をあらわしています。

◆ 精霊界（力～節制）：内なる探究

　力から節制に至るこの段階は、私たち自身の深い部分を探る旅です。

　ここでは自己の起源、アイデンティティ、そして存在の目的についての探究が展開されます。

　「隠者」のカードは、私たちを内面の深い探究へと導き、次に来る「死神」は変化と新たなはじまりをあらわしています。

　この旅路では、普段意識されない自己の真相にある真実を見つけ出します。最終的に「節制」に到達することで、自分の真の自我や本質を深く理解する機会を得ることができます。

◆ 神界（悪魔～世界）：霊的な目覚め

　悪魔から世界に至るこの段階は、私たちの霊的な覚醒と内に秘めた力の解放を象徴しています。

　「節制」のカードを超えた先では、自己の真実を発見し、宇宙や神との深いつながりを感じるようになります。この旅路の終盤では【月・星・太陽】のカードを通して、神秘的な旅の終わりに光と希

望を見出します。

　そして、私たちは自己の探究の長い道のりを完結させ、深い理解と平和を得ることになります。

2 カラフルなタロット
　　色で感じるメッセージ

◆黄
意味：創造性、啓示、知性、豊かさ。新しい可能性や変化を象徴。
カード例：【魔術師】のテーブルの上のカップやペンタクル、【太陽】の放射する光など。

◆ 青
意味：内省、平穏、崇高さ、永遠、感受性。知識や真理の探究を象徴。
カード例：【女教皇】のローブ、【星】の背景など。

◆ 白
意味：純粋さ、無垢、啓示、真実、無限、新しいはじまりを象徴。
カード例：【愚者】の太陽、【太陽】の白馬など。

◆ 赤
意味：情熱、エネルギー、行動力、本能、生命力などを象徴。
カード例：【皇帝】の服装、【恋人たち】に描かれている天使など。

◆ 緑
意味：成長、癒し、豊かさ。自然や繁栄の象徴。
カード例：【女帝】の周りの自然、【世界】の緑色のリースなど。

◆ 黒
意味：未知、無意識、神秘、不安、暗闇、無知を象徴。
カード例：【死神】の鎧、【塔】の背景など。

◆ 紫

意味：スピリチュアル、神聖、王権、高次の知識を象徴。

カード例：【正義】の後ろの幕、【世界】の身につけているリボンな
　　　　　ど。

◆ 灰色

意味：不確実性、中立、迷い、闇を象徴。

カード例：【隠者】の衣服、【正義】の2本の柱など。

◆ 茶色

意味：地に足をつける、現実的、実用的、物質的な側面を象徴。

カード例：【魔術師】のテーブル、【女帝】の小麦畑など。

◆ オレンジ

意味：活力、エネルギー、欲望、創造性を象徴。

カード例：【皇帝】の背景、【悪魔】の身体など。

3　愚者の第一歩
　　タロットで紐解く人生の冒険のはじまり

愚者ははじまりと終わり

　「愚者」のカードは、タロットの世界で独特な位置を占めています。
このカードは「0」という番号を持ちますが、時には番号が描かれ
ていないこともあります。それはタロットデッキの中で、最初のカー
ドとしても、また、「世界」のカードの前後に配置されることもあ
るのです。

　つまり、「愚者」ははじまりと終わり、そして無限の可能性を象徴
しています。

　「愚者」の旅は、私たちの自分軸や人生設計に対する理解を深め
る旅です。人生において直面するさまざまな課題や困難の中で、私

たちはしばしば解決策を外部に求めがちです。しかし、「愚者」は私たちに内省を促し、自分自身の内面に目を向けることの重要性を教えてくれます。

　このカードを通じて、私たちは自分の人生の舵取りを自らの手で取り戻すことができます。

　「愚者」が最初に出会う「魔術師」や、そのあとに続く一連のカードは、私たちが自分自身の内側に眠る力を発見し、自分自身の人生を自分で設計し直す旅を象徴しています。

　「愚者」の旅を通じて、私たちは自分自身の純粋な存在に立ち帰り、自分の真の望みや目標を見つけ出すことができるのです。あなたも、タロットとともにこの旅を歩み、自分自身の人生に新たな意味を見出してみませんか。

愚者のシンボル、色、意味
■シンボル
犬：忠実な友、または直感や無意識からの導きをあらわします。愚者の旅の中での守護や案内役ともいえる存在。

山：未知の領域や新しい経験を意味します。
　愚者の足元には崖があり、彼はその先の未知の世界へと踏み出そうとしています。

小さなカバン：このかばんの中には、愚者が旅の途中必要とするすべてのものが入っています。彼の持つ潜在能力や才能、経験を象徴しています。

左を向いている顔：この顔の向きは過去や無意識を象徴することが多いです。
　愚者のこの姿勢は、未知のものや内なる探求、自分自身の過去や無意識の領域への旅を意味しているとも取れます。

■色

黄色：楽観、喜び、知識や学びの欲求を象徴。

青　：感情の平静さ、精神の平和、直感を象徴。

赤　：感情の高まりや情熱、行動を促す力を象徴。

■意味

正位置：新しいはじまり、冒険、自由な精神性、無邪気な好奇心。

逆位置：無計画、あさはか、判断力の欠如、方向性の喪失。

4 人間界は内なる力を呼び覚ます 8 枚のカード

人生を豊かにするヒント

　タロットカードは単なる絵柄を超えたものです。それぞれのカードが、日々の感情や課題を映し出し、人生を豊かにするヒントを秘めています。

　「愚者の旅」は、私たちの生活の中核となるテーマを描き出し、大アルカナのカードは心の内側に響く感情や問題を反映します。これらのカードの深い意味を理解することで、人生の指針を得ることができます。

　ここでは、各カードが伝えるメッセージや象徴を解き明かし、それがあなたの「自分軸」や「人生設計」にどう関わるのかを探ります。タロットとともに、心の奥に隠れた答えを見つけ、自己の人生を新たな視点で探究する旅をはじめましょう。

人間界

　意識の世界：〔0〕愚者　　　〔1〕魔術師　　　〔2〕女教皇

　　　　　　　〔3〕女帝　　　〔4〕皇帝　　　　〔5〕法王

　　　　　　　〔6〕恋人たち　〔7〕戦車

〔0〕愚者 －人間のはじまり

　前にも述べましたが、「愚者」はタロットの大アルカナカードの中でも特別な位置を占めています。愚者は新しい冒険や経験への好奇心、未知への興味を象徴するカードとして、多くのタロット解釈において「はじまり」や「旅の出発点」とされています。

　本書では、この「愚者」を人間界、すなわち「意識の世界」と位置づけています。

　なぜなら、愚者が持つ好奇心や冒険心は、私たち人間が日常の中で経験する感情や状況と深く関連しているからです。

　私たちが新しいことに挑戦するとき、未知のものに対して感じる興奮や恐れ、そしてそれを乗り越えて前に進む勇気。これらの感情や状況を「愚者」は象徴しており、そのため愚者を人間界のはじまりとして紹介することにしました。

　以下では、「愚者」の詳しい解説とこのカードが持つ意味やメッセージについて深く掘り下げていきます。

キーワード：旅のはじまり　予感に従う　無計画　無謀
　　　　　　　注意深さが必要　人生の新たな物語

①テーマ「未知への一歩と自由な心」
　「愚者」は、人生において新たなはじまりを迎える瞬間を象徴しています。既存の枠組みや常識に縛られず、未知へと歩む勇気と、

それを支える自由な心の持ち主です。彼は純粋な好奇心と直感を頼りに、未知の世界へと一歩を踏み出します。このカードは、私たちに新しい経験や知識を追求し、成長のチャンスをつかむためには、冒険心と開放性が不可欠であることを教えています。また、過去の失敗や後悔、先入観にとらわれず、新しい挑戦や経験を受け入れることで、自らを成長させる可能性を示唆しています。

②愚者の旅

　愚者の旅は、計画や準備をせずに、心の声や直感に従って未知の旅をはじめる勇気を象徴しています。彼は時には自らの直感や衝動に従い、未知の領域へと足を踏み出します。

　この旅の中で、新しい経験や冒険を楽しみ、その過程で自己の成長や変化を経験します。

③基本の読み方

正位置

- 新しい冒険のはじまり：新しい仕事や学校、趣味や関係性の開始など。
- 前向きな気持ちや無邪気な好奇心：未知のものに対して、恐れず、ポジティブに取り組む姿勢。
- 恐れや先入観を捨てて、新しいことを受け入れる心の開放性：過去の経験や固定観念に縛られず、新しい視点や考え方を受け入れること。
- 未知のものへの興奮や期待：新しい場所や人々、経験にワクワクする心。

逆位置

- 衝撃的な行動や考えなしの飛び込み：計画や情報収集なしに行動

すること。

- 過度な無謀や注意不足：リスクを過小評価してしまうこと。
- 新しいことに対する恐れや迷い：新しい経験やチャンスに、戸惑います。
- 無意識の中の警告や慎重さを求めるサイン：直感や内なる声が、焦らずしっかり考えることを示しています。

④シンボルの解説

- 小さなカバン：愚者が持つ最小限の持ち物。物質的な束縛からの自由やシンプルな生活を示しています。
- 崖：未知への一歩。リスクを取る勇気の象徴。
- 白いバラ：無垢や純粋な心。開放性を示します。
- 犬：この白い犬は忠誠心や直感を示します。また、旅の中での守護者やガイドとしての役割も持ちます。

⑤実践的なアドバイス

　「愚者」のカードは、未知の旅を心から楽しむ大切さを示しています。新しい経験を迎える際には、心の扉を大胆に開き、前進する勇気が求められています。

〔1〕魔術師

キーワード：無意識の力　集中　創造性
　　　　　　　理解　変容　弱さ・意志の欠如
　　　　　　　自己過信　浪費

①テーマ「内なる力の覚醒」

　「魔術師」のカードは、まだ見ぬ自身の潜在能力や魅力を映し出しています。これまでの日々を経て、新しいステージに挑戦したいと思ったとき、このカードは「あなたにその力がある、信じて進むこと」と背中を押してくれています。

　タロットは、普段気づきにくいヒントや心の声を教えてくれる道具。このカードを通して、新たな人生のステージは充実したものとなるでしょう。

②愚者の旅－魔術師との出会い

　愚者が自らの旅をはじめたとき、最初に出会うのが魔術師です。この出会いは、愚者が自分の内なる力を認識し、それを用いて外の世界と積極的に関わることができることを示しています。

③基本の読み方

正位置

- 才能の発揮：自身の持っている能力や知識をフルに生かして物事を進めること。
- 意志の力：あなたの内に秘められた強い意志や決断力が、目標や夢を現実のものとする力として働いていることを示します。この力を信じ、前進してください。
- 自己の中の潜在能力の覚醒：これまで築かなかった自身の力や魅力が出てくるとき。
- 実現への道筋：夢や希望を現実にするための具体的な手段や方法が見えてきます。

逆位置

- 才能を発揮させていない：持っている能力や知識を生かせていま

せん。

- 意志が弱い・意志の乱れ：目的が不明確で、方向性に欠ける行動を取ること。
- 自己評価の低さ　：自分の能力や価値を低く見積もってしまう傾向。
- 目標への迷いや不確実性：夢や希望を実現するための方法や手段が見えにくい、または誤った方法を取ってしまうこと。

④シンボル

- 魔術師のポーズ：天と地を結ぶ役割を持ちます。受け取ったエネルギーを具体的な行動に変える力を示します。
- テーブルの上の道具：これらは魔術師の多彩な能力や才能をあらわしており、四大元素を象徴。
- 杖（ワンド）：火を象徴し、意志、情熱、創造性、エネルギーを意味します。
- カップ：水を象徴し、感情、愛、直感、関係を示します。
- 剣（ソード）：風（空気）を象徴し、知識、真実、正義、思考をあらわします。
- コイン（ペンタクル）：地を象徴し、物質的なものや実際の結果、健康、安定を意味します。
- 無限の記号：無限の可能性や繁栄を示しています。循環するエネルギーの象徴。
- ウロボロスの蛇：生命の循環や再生、そして無限の可能性の象徴。
- 赤いバラ：霊的な愛や再生を象徴。
- 白いユリ：純粋さや真実を求める心を象徴。
- スズラン：新しいはじまりや希望を意味していますが、同時に注意や警戒も必要というメッセージも。

⑤実践的なアドバイス

　自分の内なる力を信じ、積極的に夢や目標を実現するための行動を起こすときであることを示しています。状況や困難に負けず、持っている潜在能力を信じて、新しい挑戦やプロジェクトをはじめてみませんか?

〔2〕女教皇

キーワード：無意識の領域　内面の知識
　　　　　　　真実の探求　調和とバランス
　　　　　　　プレッシャー
　　　　　　　態度を明確にする

①テーマ「自分の心の声をきき、自分らしい人生を築くこと」

　「女教皇」は、心の奥底にある真の望みや夢を明らかにし、その実現に向けた直感や知識を育む手助けをしてくれます。心には、人生設計図や中心となる価値観があり、これを「自分軸」といいますが、「女教皇」は、この「自分軸」を確認または探求する手助けをしてくれる力を持っています。月明かりのように、このカードは目に見えない心の部分を優しく照らし出します。そして、その中で自分らしい人生を築くための目的や選択を示唆してくれます。

　このカードを通じて、心の声に耳を傾け、人生を設計するためのヒントを得ることができます。

②愚者の旅－女教皇に出会う

　愚者は外の世界だけでなく、内面の世界の重要性も知ることにな

ります。ここで愚者は直感や心の奥底に眠る知識の存在に気づきます。この出会いを通じて、愚者は自らの内面の声を信じ、それに従う勇気を得ます。そして、女教皇は愚者の旅の初期段階で、愚者に自分の声や直感、無意識の力を信じ、それを活用する方法を教えています。

③基本の読み方

正位置

- 内なる声、内面からのメッセージが明確になり、自分自身を導く声に耳を傾けるとき。
- 直感の力：直感を信じ、その導きに従って決断することが大切なタイミング。
- 受容のとき：能動的な行動よりも、周囲のサインやメッセージを受け入れ、繁栄させる時期。
- 自己探求：静かな環境で自己反省し、内面の真実を探求する絶好の機会。
- 直感の方向：内なるガイダンスが明確になり、直感が指し示す方向に注意をはらうことができます。

逆位置

・ 心の混乱：内面の声があいまいになり、どの道を選ぶべきか迷うかもしれません。
- 直感の鈍化：直感が働きにくくなり、理論的な思考に頼りがちに。
- 受動性の過剰：周囲に流されやすく、自己主張が弱まるとき。
- 自己探求の遅延：自己反省が難しく、寧面の声に耳を傾ける機会が少ないです。
- 直感の方向の迷走：内なるガイダンスが不明確になり、直感の方向を見失いがちです。

④シンボル

- 二元論と数字「Ⅱ」について

女教皇のカードは大アルカナの中で「Ⅱ」という数字を持ち、これは二元論のテーマと深く関連しています。この「2」は、対立するものや相反する要素がバランスを取り合っている状態を象徴し、内側と外側、意識と無意識、現実と可能性など、私たちの世界に存在する2つの側面の関係性をあらわしています。

このカードは、これらの対となる要素の間にある調和を促し、両極端の間の橋渡しをする役目を担っています。

- 2本の柱：古代イスラエルのソロモンの神殿にあったとされる柱を象徴。一方の柱「ボアズ」は 力と安定、もう一方の「ヤキン」は設立と耐久性をあらわしています。これらは、私たちの物質的な現実と内面の精神的な力が調和していることを示し、人生のあらゆる側面でバランスを取る必要性を教えてくれています。

また、この二元性は私たちが行動する能動性と周囲を受け入れる受動性のバランスを意味しています。興味があれば、これらの柱が持つ歴史的な背景や神秘主義的な意味についてさらに調べてみるのもよいでしょう。

- 王冠と足元の月について

王冠の月：霊的な直感と洞察力の象徴をあらわしています。

足元の三日月：無意識の深層から湧き上がる直感や感情の流れを示しています。

カードに描かれた月のシンボルは、私たちの内面における感情や思考、直感が周期的に変化し、成長し発展していくプロセスをあらわしており、女性性の力と深く関連しています。この力は、生命のリズムや直感、受容性といった女性性の室を象徴し、自己理解と自己受容の旅を促します。これにより、私たちは自分の内な

る声に耳を傾け、それに従うことの重要性を理解するように導かれます。

- トーラ：女教皇が抱えているトーラは、古代からの知恵と秘密の教えを守る役割を持ちます。内面に秘められた神聖な知識や人生の教訓を大切にすることの象徴です。

- ストールと水：ストールは水をあらわしており、無意識の領域や感情の流れを象徴。これは、心の奥深くにある感情や直感に注意深く耳を傾け、それを日常に反映させることの大切さを示しています。

- タペストリー：女教皇の背後にあるタペストリーは、見えない世界の存在とその謎を解明するための直感の必要性を、示しています。私たちの現実に隠された深い真実や秘密への扉が内面にあることを教えてくれています。

⑤**実践的なアドバイス**

　大切な決断の時、まずは心の奥底に耳を傾けましょう。あなたの内なる声、それはあなたの真実と直感を映し出す鏡のようなものです。答えや真実はいつも外にあるのではなく、時には自分自身の内側にひっそりと息づいています。

　だからこそ、自分自身の感じるままを大切にし、その感覚を信じる勇気をもってください。あなたの内なる案内人は、あなたを確かな道へと導いてくれるでしょう。

　直感に導かれて手に取る1冊の本が思わぬ気づきを与え、偶然の出会いが人生の方向性を照らし出す重要なアドバイスをもたらすこともあります。内なる声を大切にし、そのささやきに心を傾けることで、迷いの中でも自分にとっての正しい方向性を見つけ出す勇気と確信を得られるでしょう。

〔3〕 女帝

キーワード：創造性　豊穣　母性
　　　　　　自然との調和
　　　　　　実りある成果　愛情深い関係
　　　　　　保護とケア　無駄遣い
　　　　　　過保護　不毛

①テーマ「生命のサイクルと豊かさの祝福」

　女帝のカードは、生命のサイクルと豊かな創造の流れを体現しています。

　彼女は、ありのままの自己表現と情熱的な生き方を促し、心からの感情を大切にすることの美しさを思い出させてくれます。愛に満ち、豊穣をわかち合う女帝の姿は、私たちに自然界との調和を教え、感謝の心で満たしてくれます。

② 愚者の旅―女帝に出会う

　愚者が旅の中で女帝に出会ったとき、彼は生命の尊さと美しさを深く体験します。女帝は愚者に、豊かな自然のリズムと調和することの大切さを教えます。彼女の存在は、愛と美，そして感謝の心を持って生きることの価値を示しており、愚者の心に深い印象を残します。

③基本的意味
正位置

- 創造の喜び：あなたの中にあふれる創造的なアイデアや計画が実

51

を結ぶとき。新しい趣味やプロジェクトをはじめることで、充実感を得ることができるでしょう。

- 愛と支援：家族や友人への愛情を表現することで、周りとの関係が深まります。他者を思いやる心が人との絆を強くし、支え合いの大切さを再認識します。

- 豊かな実り：あなたの努力が報われる時期が来ています。職場での成果や人間関係での喜びがあなたを待っていることを示しています。

逆位置

- アイデアの行き詰まり：何か新しいことをはじめたいと思っても躊躇して一歩を踏み出せない時が あります。この時期はアイデアをじっくり練るのに適しているかもしれません。

- 関係性のギャップ：大切な人との関係に亀裂が生じることがあります。相手に期待しすぎたり。過干渉にならないように心掛けましょう。

- 成果の不足：思い通りに物事が進まないかもしれません。計画を見直し、現実的な目標設定をすることが必要なとき。

④シンボル

- 王冠：女帝の王冠にはしばしば 12 の星が描かれており、これは宇宙的な調和と心の充実を象徴 しています。この王冠は、自己の内面が安定し、外界との調和を実現している状態。

- 真珠のネックレス：真珠は知恵と精神性の成長を象徴。女帝の精神的な洞察力と内なる美をあらわしています。

- 笏（しゃく）：伝統的に権威や支配のシンボルであり、女帝の影響力と彼女が自然の法則に従っ ていることを示しています。

- 川と滝：水は感情、直感、無意識を象徴。川と滝は、流れる水の

ように女帝の豊かな感情や直感が絶え間なく生み出され、無意識の深い層から湧き上がる創造性と豊穣をあらわしています。これは女教皇からの内的な知恵が外の世界で形となってあらわれるプロセスを示唆しています。

- 赤い大きなクッション：快適さと物質的な豊かさ、また安定した基盤を提供する女帝の能力を示しています。
- ハート型の盾：愛と保護の象徴。女帝の母性的保護と心からのケアをあらわします。
- 豊かに実った小麦：自然の循環と生命力の息吹を映し出しています。私たちが手をかけ、心を込めた努力がやがて実を結ぶ、美しい瞬間を象徴。この小麦の穂は、実りある成果と途切れることのない成長の物語を語り、新しいスタートや明るい未来への希望を感じさせます。

⑤実践的なアドバイス

　女帝のカードがあらわれたら、自然のリズムに耳を傾け、心の声を大切にしましょう。

　情熱を持って生きることの喜びを享受し、愛と豊かさを周囲とわかち合うことが、充実した人生への鍵です。

　さらに、自分の心を大切にして自分らしく表現し、周りの人や自然との絆を育むことが、最も幸せになる秘訣でもあり、そうすることで、心も生活もより豊かに彩られるんだと思います。

　女帝のカードが示すように、朝の光を浴びながら深呼吸する、花に水をやりながらその成長を見守る、大切な人との会話を楽しむ。これらの日々の小さな瞬間に心を寄せ、自然とのつながりを感じ取ることなど、こうした生き方を通じて、内面から輝き、豊かな人生を築くことができることを教えています。

〔4〕皇帝

キーワード：権威　責任感　構造　統制
　　　　　　管理　支配　安定　父性
　　　　　　周りへの配慮が足りない

①テーマ「知恵と成熟した野心の実現」

　皇帝のカードは、人生のさまざまな段階で蓄積された知恵と経験を象徴します。

　このカードは、計画的で実用的な思考を通じて個人の目標達成を支援し、周囲を統率する能力を促進します。

　皇帝は、自分の野心を具現化し、新たな目標や夢に向かって進む勇気を示しています。

　成熟した野心とは、単なる若さの熱意ではなく、深い洞察と計画に基づいた、実現可能な目標を指します。自己の内なる指導者としての資質を信じ、知恵と経験をもとに、現実世界での成功を追求することで、人生の新たなはじまりを豊かなものにするメッセージが込められています。

②愚者の旅─皇帝に出会う

　旅の途中で愚者が皇帝に出会うとき、彼は強い意志と権威、リーダーシップの重要性を学びます。皇帝は、愚者に計画的な思考と戦略的なアプローチの価値を教え、自己確立と周囲へのポジティブな影響を与える方法を示します。

　この経験を通じて、愚者は自信の力を信じ、目標に向けて自信を

もって進む決断力を育てます。そして、責任感と実用的な行動の大切さを学び、自らの道を切り開く勇気を得ることになります。

　この遭遇から、愚者は心の中にあるリーダー力を見つけ、本当のリーダーとは強さだけでなく、公平さや人の気持ちを理解し支えることが大切だと気づきます。またこれらの教訓を自分の成長の糧として取り入れることに気づきます。

③基本的意味
正位置
- 権威とコントロール：あなたは自己の権威を確立し、状況をコントロールする能力が高まっています。自信をもって決断し、リーダーシップを発揮する時期です。
- 秩序と構造：物事を整理し、よりよい秩序を築くことができます。慎重に練られた計画と実践的なステップが、あなたを成功へと導いていきます。
- 責任感と保護：家族やチームへの深い愛情とケアを通じて、保護者としての役割を温かく果たす ことができます。この心遣いが、周りへの影響力を自然と高めていきます。

逆位置
- 支配的な態度：自分の意志を押し付けすぎることで、周りとの関係が悪化する恐れがあります。
  柔軟性を持ち、他者の意見を尊重し、共感を示すことで、より調和のとれた関係を築くことができます。
- 意志薄弱：決断力が不足し、計画を実行に移すことができないことを示します。小さな成功から自信を築き、徐々に大きな目標へと進むことで、決断力を高めましょう。重要な決断をする際は、リスクと利益を丁寧に考慮することが大切です。

- 無責任：自分の行動の結果に対する責任を取らず、他人を責める傾向があります。自己反省し、自分の行動と結果に対する責任を認めることが大切です。失敗を学びと捉え、今後の成長に生かしましょう。

④シンボル
- 鎧：保護と強さを象徴。皇帝が外部の脅威から自己を守り、困難に立ち向かう能力を持っていることを示します。
- 笏：アンク（エジプト十字といわれています）。
  皇帝が持つ笏は、彼の指導力と統治能力をあらわし、支配的な地位にあることを強調。
- 岩山：固さと耐久性を象徴。皇帝の安定性と不動の地位を示します。岩山はまた、皇帝の強固な精神と不屈の意志をあらわすこともあります。
- 玉座の飾り：西洋占星術の牡羊座が描かれています。皇帝が持つリーダーシップ、決断、積極的な行動の象徴。積極性、先導者としての役割、自信と力強さの側面を強調。
- 赤いマントに描かれている柄：赤は情熱、エネルギー、力強さを象徴。マントは皇帝の保護と権力のシンボルとしての役割も担います。牡羊座は主導権を取ること、新しいアイデアやプロジェクトをはじめるイニシアティブを象徴。これらの要素の組み合わせは、皇帝が持つ強い意志と果敢なアクション、彼が直面する任務や挑戦に対する情熱的なアプローチを示します。

⑤実践的なアドバイス
　皇帝のカードは、自己の内なる力を信じ、秩序と安定を追求することを進めます。リーダーシップを取り、計画的に行動することで

56

目標達成に近づけるでしょう。しかし、他人の意見も尊重し、柔軟性を持つことが重要です。

〔5〕法王

キーワード：スピリチュアリティ
　　　　　　　伝統　教訓　指導
　　　　　　　規則　祝福
　　　　　　　不信　孤立

①テーマ「内なる知恵と人生経験の豊かな蓄積」

　人生を通じて蓄積される知恵と経験の重要性を強調しています。年齢を重ねるごとに人はさまざまな経験を積み、深い洞察力や理解を得ます。これらの経験は、人生のさまざまな局面での意思決定や人間関係の構築において、重要な役割を果たします。

　また、自分自身だけでなく、他者に対しても深い洞察や指導、支援を提供する大切な源泉となります。

②愚者の旅—法王に出会う

　愚者が法王に出会うとき、自分自身と人生の深い意味を探る特別なチャンスが訪れます。

　法王は、正しい道や心の学びを教えてくれる先生のような存在で、難しいことがあるときでも、それを乗り越えられるように導いてくれます。

　この出会いは、愚者が自分の内側を深く理解し、人生で大切なことを見つけるきっかけになります。

③基本的意味

正位置

- 伝統と知恵：伝統や古くからの教えから学ぶことの価値を示して います。長い経験に裏打ちされた知恵を活用することを求められ ています。

- 教育と学び：知識を深め、学び続けることの重要性が示されてい ます。教育や自己啓発に対する意欲が高まっていることを意味し ます。

- ガイダンスとカウンセリング：他者を導き、善きアドバイスを提 供する能力が強調されます。人々が直面する問題を解決し、精神 的に成長することをサポートする機会が訪れるでしょう。

- コミュニティーとの調和：周囲との関係性を大切にし、一致団結 して目標を達成することの価値が強調されます。家族や友人、職 場のコミュニティーとのつながりを深め、互いに支え合うことの 大切さが示されています。

逆位置

- 権威への反発：既存の権威や伝統に対する反発や挑戦が示されて います。自分独自の道を歩みたいという欲求が強まっているとき かもしれません。

- 道徳的な葛藤：伝統的な道徳観や信念体系との対立があることを 示しています。個人の心情が社会的な期待と衝突する可能性があ ります。

- 内面の不安定さ：内面的なスピリチュアルの探究や信念の確立に おいて、不安定さや混乱を感じていることを示しています。自分 が何を信じているのか、どのような価値観を持つべきなのか、ま たは、人生の目的への迷いなど、自分がどの方向へ進むべきなの かを決めかねているときです。

- 自己中心的な信条：自分の信念や信条を、他人に押し付ける傾向
  を示します。自分のライフスタイルや、哲学を周囲の人に押し付
  け、他人の価値観や意見を尊重しないなど、対人関係において調
  和を乱す可能性があることを示しています。

④シンボル

- 三重冠：霊的、心理的、物理的な領域の統合を象徴。
- 鍵：知識と秘密の開放を意味。知識や秘密が解き明かされること
  で、まだ知られていない事実や情報に光を当てることを示します。
- 印を結んでいる手：これはスピリチュアルな祝福や権威を象徴す
  る印です。この印は、内面の平和やスピリチュアルな力を外に表
  現することを意味し、霊的な指導者としての役割を強調します。
- 笏：法王が持つ笏は、彼の権威とスピリチュアルな指導力の象徴。
  これは彼が持つ宗教的または霊的な力をあらわし、その教えが信
  者に影響を及ぼすことを示しています。
- 法王の位置と信者：法王は通常、高い位置に座って描かれ、信者
  が彼の前にいることが多いです。これは、霊的な指導者としての
  彼の地位を示し、信者たちが彼の教えを求めていることを象徴。
- 2本の柱：二元性をあらわし、物質的な世界と霊的な世界のバラ
  ンスや相互作用を象徴。法王のカードは、スピリチュアルな指導
  と物質世界における権威のバランスを示しています。

⑤実践的なアドバイス

　法王のカードは、自分自身の信念体系を深め、倫理的な価値観を
確立することを促します。また、伝統や教訓から学び、精神的な成
長を目指すことが重要です。

　逆位置の場合は、自分の信念や価値観を再評価し、より広い視野

で物事を見るよう努めることがすすめられています。

〔6〕恋人たち

キーワード：愛情　選択　調和
　　　　　　　関係性　絆　忠誠
　　　　　　　決断　合一

①テーマ「愛情と選択による成長と変容」

　このカードは、愛情と選択が個人の成長と変容をどのように影響を与えるかを探求します。愛情は感情的な成熟を促し、深い共感や絆を築きます。

　一方で、人生の選択は、自己の価値観と目標に向き合わせ、内面的な自己認識を深めます。愛情と選択は、自己のアイデンティティを再定義し、感情的なつながりと自己実現の道を促進する重要な源泉です。

②愚者の旅─恋人たちに出会う

　愚者が旅の中で恋人たちに出会うとき、彼は心からの愛情や人間関係の深い絆、そして人生の重要な選択に直面します。恋人たちは、愚者に愛と関係性の真の価値を教え、自己と他者の間のバランスを取ることの大切さを示します。

③基本的意味
正位置
• 真実の愛と調和の関係：深い愛情と調和の取れたパートナーシッ

プの価値が強調されます。愛する人との絆を深めること、お互い
を理解し合い、支え合う関係の重要性が示されています。

- 重要な選択の瞬間：人生の重要な分岐点において、心からの選択
をすることの大切さが示されます。恋愛における決断、人間関係
の選択、または自己の価値観に基づく重要な人生の方向性につい
ての決定など、心からの選択をすることが大切であること。これ
には新しい関係のはじまり、現在の関係の進展や終了、キャリア
やライフスタイルの変更など、自己の真実に忠実であり、未来の
方向性を決定する選択が含まれます。

- 内面的な調和と自己受容：自己との調和と真の自己受容の重要性
を示します。自己の感情や欲求に正直になること、自分自身を完
全に受け入れることが健全な人間関係と幸福への鍵となります。
このカードは、内面の平和と自己愛を育むことで、他者とより深
いつながりを築けることを示唆しています。

逆位置

- 関係性の不調和と障害：人間関係での誤解や対立、愛情の欠如が
問題となる可能性が示されています。これはコミュニケーションの
不足や相互理解の欠如を指摘し、関係の見直しや修復を促します。

- 誤った選択とその結果：重要な決断において誤りを犯す可能性が
あります。これは一時的な感情に流されることや、長期的な視野
を持たない選択の影響を示唆しています。

- 自己と他者との関係の再評価：誰かとのこれまでの関係や自己と
の関わり方を再評価する必要があることを示唆しています。自己
疑念、不安定な感情、または相互理解の欠如が影響していること
を指摘しています。このカードは、自分と他者との関係において、
より健全でバランスの取れたアプローチを見つけるための内省と
調整の必要性を強調しています。

④シンボル

- 天使：高次の導きや保護を象徴。このカードでは、「自分を信じ なさい」とでも言っているのかもしれません。

- 太陽：明るい未来や幸福、繁栄をあらわします。

- 裸の２人：純粋さ、真実、無垢を意味します。裸であることは、 隠すものが何もない、完全な信頼と開放性を象徴。恋愛は、自分 自身を偽りなく表現することが大切で、真実の愛は、互いの深い 理解と受け入れを可能

- 雲：スピリチュアルな力や神秘的な存在を象徴。このカードでは、 高次の導きや霊的な介入を示します。

- 山：理性と感情、精神と肉体（セクシャリティ）などの統合をす ることを示します。

  また、山は、挑戦や達成すべき目標を象徴。愛情や人間関係にお ける障害や試練をあらわします。高い理想や目標すべき高みを示 唆することもあります。

- ２本の樹：この２本の樹は、「生命の樹」と「知識の樹」を象徴。 これらは生命の継続と知識の選択の重要性をあらわします。生命 の樹は、成長・発展・健康を意味し、知識の樹は、好奇心・選択 の結果・知恵を象徴。

⑤実践的アドバイス

　恋人たちのカードは、愛情や人間関係における真実と誠実さを求 め、重要な選択に際しては心の声に耳を傾け、自己の真実に忠実で あることを促します。また現在の関係性や過去の決断に疑問がある 場合は、これらを見直し、必要に応じて再評価することが大切です。

　このプロセスを通じて、感情的な誤解を解消し、より充実した人 間関係を築くことができます。

〔7〕戦車

キーワード：前進　成功　勝利
　　　　　　　自信　挑戦　勇気
　　　　　　　障害　停滞
　　　　　　　自己制御の欠如

①テーマ「心のバランスと自分で決める力」

　戦車は、感情や思考の整理とバランスのとり方の重要性を強調し、外部の圧力に左右されず、自分の判断で行動することの大切さを教えてくれています。

　これらを取り入れることで、心の平穏と的確な判断能力を得ることができ、自信と独立心を養いながら、自分の人生を主体的に築くことができます。

②愚者の旅―戦車に出会う

　愚者が戦車に出会うとき、自分の道を自分で切り開く勇気と、その道程で必要とされる自己管理の能力を学び取る機会を得ます。この段階で、愚者は自分自身の内なる力に信頼を置き、挑戦に立ち向かい、それを乗り越えることで成長を遂げます。そして、自分の目指す目標に向かって積極的に進むことの大切さを深く理解するようになります。

③基本的意味
正位置

・目標達成への進行：自信と決断力が成功への道を切り開くことを

示しています。目標に向かって前進するためには、自分の能力を
信じ、積極的な行動が必要であることを強調しています。

- 障害の克服：困難や何かの挑戦に直面した時、それらを乗り越え
  るための内なる力と創造的な解決策を見つける能力を持っている
  ことを示しています。障害は避けられないとしても、それを克服
  することで成長がもたらされることを教えています。

- 自己主導の行動：自分自身の人生や目標に対するコントロールを
  取り戻すことの大切さを示しています。自分の決定に基づいて行
  動することで、自分の望む方向に人生を導くことができるという
  ことを示唆しています。

- 自信と勝利：戦車の正位置は自信と勝利の象徴でもあります。個
  人の自信とその自信からくる行動が、成功へとつながることを示
  しています。自分の能力に自信を持って取り組むことが、望んだ
  結果や勝利を得るための鍵であるということを意味しています。

逆位置

- 内部の葛藤と混乱：自分自身な内部で矛盾する感情や考えによっ
  て生じる葛藤や混乱を示しています。これは重要な決断を下す際
  に、自己の不確かな感情や混乱した考え方が障害となることを指
  し、これがたとえば、職業選択や人間関係などの重要な領域にお
  いて何をすべきかを決めることを困難にしている状況を示してい
  ます。

- 方向性の喪失：人が自分の人生やキャリアにおける明確な目標や
  方向性を見失う可能性があることを示唆しています。これは、何
  を望んでいるのか、どのような道を進みたいのかについての不確
  実性や迷いをあらわしており、決定を下す過程での混乱や不安定
  さを反映しています。この状態は、自分自身の内面と向き合い、
  目的や目標を再評価する必要があることを示唆し、自分の人生の

方向性を再考し、より明確な目標を設定するきっかけとなるかも
しれません。

- 計画の停滞：目標達成のための計画が停止または遅れている状態
をさし、進歩のために必要なスキルやリソースが不足していることを示唆しています。

- 自制心の欠如：感情や行動をうまくコントロールできず、その結
果として思わぬ問題が生じる状況をあらわしています。自分の気
持ちを上手に扱うこと、自分自身をよく理解すること、そしてス
トレスにうまく対処する方法を学ぶことが大切であることを示し
ています。

④シンボル

- 星が描かれている天蓋とベール：宇宙的なエネルギーや精神的な
導きを示します。戦車が進む道が宇宙の力によって支えられてい
ることを示唆。ベールは、現実世界と精神世界との間の薄い境界
線を象徴し、物質的なものと精神的なもののバランスを意味。

- 鎧の四角と両肩の三日月：鎧の四角形は、安定性と力を象徴し、
物理的な保護と精神的な力を示す。両肩にある三日月は直感、女
性性、変化への適応能力をあらわしています。これは、さまざま
な困難や試練に直面したとき、どのように対処すべきかを示しま
す。これらは内面の強さを意味します。

- ベルト：意志の力と自己制御を象徴。ベルトが締められているこ
とは、行動や感情をコントロールする必要性をあらわしており、
自己制御と自己抑制の大切さを示唆します。

- 冠：権威、成功、高い志を、象徴。これは、戦車を操る者が高い
目標を持ち、それを達成させるためのリーダーシップと決断力を
持っていることを示します。

- ２頭のスフィンクス（ライダー版）：戦車を引く力としての対立する力を象徴。一方は黒く、もう一方は白であらわされ、陰陽、肯定と否定、あるいはさまざまな選択肢を意味。これは、対立する力を制御し、バランスを取る必要性を示します。また、タロットカードには、いろいろな力強い動物や生き物が描かれています。共通する意味は、主にコントロール、進行方向、力を象徴し、目標達成に向けたエネルギーをあらわします。
- 川：背景に流れる川は、感情の流れと変化の象徴。感情や勘も大切な部分を占め、人生の流れに沿って進むことの重要性をあらわします。
- 駒と羽：駒は力強さと勢いを、羽は精神性と高い思想をあらわします。物理的な行動と精神的な目標が組み合わさっていることを示します。これは、現実的な行動と、高い理想のバランスを意味。
- 若者と戦車が一体となっている：意志と行動の完全な統合を象徴します。目標に向けた強い意志と、その目標を実現するための具体的な行動が密接に連携している状態を示しています。このシンボルは、タロットカードにおける戦車の核心的なテーマである進展、自信、コントロールを深く表現しており、個人が内なる力を発揮し、自らの人生を主導することの重要性を強調します。

⑤実践的アドバイス

　戦車カードは、あなた自身の力を信じ、望む目標に向かって前進するよう促しています。この過程で、落ち着いて自己管理を行い、急がずに計画的に進むことが大切です。

　たとえば、新しい挑戦に向かう勇気を持つことや、成功へ向けての躊躇がある場合、それは自分自身を見つめなおし、計画を再考する絶好の機会です。

5　精霊界は 人生のバランスを学べる タロットの7つの教え

〔8〕力 〔9〕隠者 〔10〕運命の輪 〔11〕正義 〔12〕吊るされた男 〔13〕死神 〔14〕節制

〔8〕力

キーワード：内面の強さ　勇気　抑制
　　　　　　　勇気　情熱の適切な表現
　　　　　　　自信　懐疑的　怒り
　　　　　　　無理強い

① テーマ「内面の強さと感情の調和」

　「力」は深い自己理解と心のバランスを見つけることの大切さを伝えています。このカードは、感情や衝動をうまく管理することは、ただ自己コントロールの向上にとどまらず、自分自身の成長と精神的進化に寄与します。

　これにより、自分自身に対する理解と信頼が深まり、他者との関係においてもより誠実で信頼できる人間となることができます。怒りや喜びのような感情を深く理解し、適切に対処することで、より成熟した人格と充実した人間関係を築くことが可能になるのです。

②愚者の旅—「力」に出会う

　愚者が【力】のカードと出会うとき、それは彼に内なる強さを見つける機会を与えます。このカードは、感情を上手に使い、困難に対処する方法を学ぶことの大切さを教えてくれます。これは、自分

67

自身を深く理解し、感情や反応をうまく管理する方法を学ぶ、心の成長の大切な一歩を示しています。

③ 基本的意味
正位置

- 直感の尊重：このカードは、直感を信じ、それに従うことの重要性を示唆しています。直感はしばしば内面の知恵を反映しており、それに耳を傾けることで、よりよい意思決定をすることができます。
- 個人的な成熟：自己認識と自己受容を通じて個人的な成熟を達成することを示しています。自分自身の長所と短所を受け入れ、それを成長のための基盤として利用することが大切です。
- 感情的な回復力：困難や挑戦に直面した際の感情的な強さを示しています。ストレスや圧力の多い状況でも落ち着きを保ち、前向きな態度を維持することが、長期的な成功と幸福につながります。
- 積極的な態度：積極的で自主的な態度をとることの大切さを強調しています。困難に対して自ら取り組むことで、新しい可能性を開くことができ、望む結果への道を開くことができます。このような姿勢が人生においてより豊かな経験をもたらす可能性があります。

逆位置

- 感情のコントロールの失敗：感情や衝動をコントロールすることに失敗し、それが問題を引き起こす可能性を示しています。怒りや不安を適切に処理できず、人間関係に影響を及ぼす場合などが該当します。普段から深呼吸をするなどして、ひと呼吸置くことで、問題の解決策になります。
- 自己抑制の欠如：自分の寛恕や欲望を抑えることができず、衝動

的な行動をとるリスクを指摘しています。これは考えずに行動することが、望ましくない結果を招くことを意味しています。決定を下す前に時間を取って考えることが役立ちます。

- 不安定な情緒：情緒が不安定なために、日常生活や意志決定に影響を与えることを示しています。極端な気分の変動により、一貫性のある行動がとれない状況にあります。

- 自己認識の不足：個人が自分の感情や内なる動機について深く理解していない状態を指します。この状態は、個人の成長や発展を妨げる要因となります。そのため、自分自身の内側に目を向け、自分の思いや行動の根底にある理由を探求することで、成長の道を開き、自己実現に向けての一歩を踏み出すことができます。

④シンボル

- 無限大：頭上に描かれている無限大の記号は、永遠の可能性、無限のエネルギー、精神的な成長と変容を象徴。これは、物事の永続的な循環と内面の無限のポテンシャルを意味。

- 葉でできた冠：自然との調和、生命の成長、自然界の循環を象徴。これは、自然界の力を理解し利用する能力を意味。

- バラのベルト：情熱、愛情、美の象徴。情熱をコントロールし、美と調和を生み出す能力を示します。

- 山の木々は茂っている：背景の描かれる山の木々は、自然の力強さと生命力を象徴。これは、自然界の豊かさと、そこから得られるエネルギーとサポートを意味。

- 不毛地帯：困難や試練を象徴。これを乗り越える内面の強さを意味。また、肥沃な土壌から離れた領域での成長と適応を示唆。

- ライオン：ライオンは原始的な欲望、力強さ、情熱を象徴。これは基本的な感情や欲望をコントロールする能力を意味し、生命力

と原始的な力の習得や完全な理解を示します。

• ライオンの頭をなでている：カードに描かれている女性がライオンの頭を優しく撫でる様子は、感情的や原始的な衝動を穏やかに、しかし確固たる意志でコントロールするさまを示します。
これは力とやさしさのバランス、情熱と理性の調和を象徴。

⑤実践的アドバイス

　　内面の強さと感情のコントロールを実践することの重要性を教えています。困難や挑戦に直面したとき、自分の感情を穏やかに保ち、冷静な判断を心がけることが求められます。特に怒りや不安が高まったときは、リラクゼーション技法を用いて感情を落ち着かせ、より効果的に問題を解決するための内面の強さを引き出すことが助けとなります。また、感情を自覚し、適切に処理することで、心のバランスを整え、日常生活のさまざまな場面で冷静かつ効果的に対応する力を育てることができます。たとえば、怒りを感じたときは深呼吸で落ち着きを取り戻し、喜びを感じたときはそれを周囲と共有することが、感情を前向きに活用する方法です。

〔9〕隠者

キーワード：自己探求　内省　知恵
　　　　　　　探求する　孤独　拒絶
　　　　　　　世間に出ていく　ガイダンス

①テーマ「内面の光と孤独な探求」

　　隠者のカードは、心の奥深くへの旅をあらわしています。静かな

時間を過ごし、内面を見つめ直すことで、自己理解を深める手助け
をしてくれます。このカードは、自分自身と向き合い、内なる知恵
を見つけることの大切さを伝えています。静寂のなかでの瞑想や反
省を通じて、自分自身の深い部分を探求し、真の自己を発見する道
のりです。

②愚者の旅─隠者に出会う

　愚者が隠者に出会うとき、彼は自分自身の内面を深く探求し、生
きる意味や目的についての理解を深める孤独な旅を経験します。隠
者は、自分の心の奥底にある真実や知恵、つまり「内なる光」を見
つめることの重要性を説いています。

　これは、自分自身の本質や真の感情、深い直感などを見つめ、理
解するための静かな時間が必要だと示しています。

③基本的意味
正位置

- 内なる探求：自分の心と深く向き合い、自己理解を深めるときで
  す。過去の自分を見つめ直し、現在の自分にどう影響しているの
  かなどを考えることを示しています。
- 精神的なものへの関心：物質的な成功や外見的な事柄を越え、よ
  り深い精神的な価値や内面的な充実に焦点を当てることを意味し
  ます。日常の喧騒を離れ、自分自身の内側の世界、感情、思考、
  そして魂の声に耳を傾けることに関心を持つことが大切です。こ
  の過程では、自己の深い理解、内面的な平和や満足感を追求し、
  精神的な成長や発展を促します。
- 内省と自己発見：自分自身と深く向き合い、真の自己理解を目指
  すことを象徴。静かな時間を過ごし、内面を見つめ直すことで、

自分が何をするべきかの理解を深める手助けができます。

- 孤独と自立：正位置の隠者は、1人での内省と自立をあらわしています。このカードは、孤独の中で自分自身を深く理解し、真の自立を目指すことの大切さを示しています。自分だけの時間を価値あるものとし、内なる声に耳を傾けることで、自分の意志や目標に忠実な人生を歩む力を育てます。

逆位置

- 瞑想と反省：自己探求での道での迷いや自己理解の困難さを示します。このようなとき、瞑想や反省が特に大切になります。静かな時間を過ごし、自分自身とのつながりを深めることで、心の声や直感に耳を傾け、自分の内面を再発見する機会を得ることができます。自分の感情や思考を理解し、再び自己探求の道を歩むための手がかりを見つけることが大切です。

- 孤独感の増大：社交的な活動から遠ざかり、自分だけの世界に閉じこもることが増えていませんか？　友人や家族とのつながりが希薄になり、孤独感を感じることがあるでしょう。

- 迷いと方向性の欠如：自分の内面とのつながりが乱れ、生きる方向性を見失う可能性。どのように進むべきか、何を悩んでいるのか、自分の感情がわからず、心が乱れることがあります。

- 過去への囚われ：過去の経験や失敗にこだわり過ぎることで、現在の人生を前向きに生きることが難しい状態を示します。過去の出来事に固執するあまり、新しいチャンスや可能性を見逃すリスクがあります。

④シンボル

- ランプと六芒星：ランプは隠者が内なる光、すなわち自己の知恵や洞察力を探求する過程を象徴。六芒星（ダビデの星）は、完全

性と霊的な平衡を示し、高次の理解への追求をあらわします。

- 左下を向いている：隠者が下を向いているこの姿勢は、自分自身の内側に目を向けることの大切さを象徴。外の世界から目を離し、心の奥深くにある感情や思考に注意を向けている様子を示します。この姿勢は、日常の忙しさから一時的に離れ、自分自身の内面をじっくりと見つめ、深い理解を得るための時間を持つことの重要性を教えてくれます。
- 杖：杖は権威と力を象徴し、隠者の精神的な強さと決意を示します。また、人生の旅を終え、導く道具としても機能。
- 外套：思い外套は、隠者が経験によって培った知識と知恵を身にまとっていることを象徴。また、世界の試練から隠者を守る保護の象徴でもあります。
- 雪山の山頂に立つ：雪山は心の奥深くへの旅や、自己実現のための高い目標を象徴。隠者が山の上に立つ様子は、自分自身と向き合うための深い内省と、人生のより高い意味を求める彼の強い決意をあらわします。このシンボルは、自分自身の内面を深く探求し、真の自己を見つめるための精神的な旅を私たちにも勇気づけてくれます。

⑤実践的アドバイス

　隠者のカードは、あなたに内面への深い旅をはじめるよう促しています。これは忙しい日常から一時的に離れ、自分自身の感情や望みを見つめ直す機会となります。この孤独な時間は、自分自身の本当の欲求や目的を理解するための貴重なものです。

- 内面との対話：日々の生活から少し離れて、自分の心に目を向ける時間をつくりましょう。自分の感情やこれまでの選択を静かに振り返り、それが現在のあなたにどのような影響を与えているの

かを考えてみてください。

- 次のステップへの準備：このカードは、人生の新しい段階に向けた準備の時期であることも示唆しています。心の準備をして、これから訪れる大きな変化や転機に対して自己を強化しましょう。自分の本質を深く理解することで、新たな人生の道が自然と開けてきます。この自己発見のプロセスは、未来に向けた確かな一歩となります。

〔10〕運命の輪

キーワード：変化　サイクル　タイミング
　　　　　　転換点　流れに身を任せる
　　　　　　調整　チャンス

①テーマ「変化の流れとタイミング」

　運命のカードは、人生におけるサイクルや変化の流れを象徴しています。予期せぬ出来事や運命的な転換点をあらわし、これらの変化は人生に新たなチャンスや可能性をもたらすことを示しています。

　このカードは、流れに身を任せ、運命の流れに乗ることの重要性と、タイミングを見極める知恵を教えてくれます。

②愚者の旅──運命の輪に出会う

　愚者が運命の輪に出会うとき、彼は人生のサイクルや運命の力を深く理解する機会に恵まれます。予期せぬ出来事や状況の変化に直面し、これらが自分の成長や変化にどのように影響を与えるのかを

学びます。運命の輪は、人生における不可避な変化を受け入れ、その中で自分を見つめ直す機会を提供します。

③基本的意味

正位置

- 変化のはじまり：人生の新しいフェーズがはじまります。転職、引っ越し、新しい関係など、生活の大きな変化を意味することがあります。これらの変化に対応するために、柔軟な思考と積極的な姿勢が重要になります。

- 幸運の到来：予期せぬ幸運や、チャンスが訪れる可能性があります。これは新しい出会い、予期せぬ収入などポジティブな変化を意味します。これらのチャンスを最大限に活用するためには、柔軟な心構えと準備が必要です。たとえば、自分の快適ゾーンから一歩踏み出す勇気を持ち、新しいことに対して好奇心を持って接することが大切です。

- サイクルの認識：人生はサイクルであり、変化は常に存在します。このカードは自然の流れに身を任せ、適応することの重要性を教えています。変化に抵抗せず、むしろそれを受け入れることで、新たな成長の機会を見出すことができます。

- 人生の転換点への気づき：このカードは、人生が一定のリズムやサイクルに沿って進むことを示唆します。喜びも悲しみも、成功も失敗も、すべては時間とともに変わりゆく一時的なものです。この理解は、不確かな時期を乗り越える際に強い精神的支えとなります。

逆位置

- 予期せぬ障害：計画が思うように進まないことがあります。これは、仕事の遅延、計画の妨げ、あるいは個人的な問題などを意味

します。柔軟性を持ち、計画を見直すことが大切です。

- 機会の見逃し：重要なチャンスや機会を見逃してしまうかもしれません。これは、機敏さの欠如や過剰な慎重さによるのでしょうか。状況を見極め、積極的な行動をとることが重要です。
- 周期の逆行：自然な流れやサイクルに逆らう行動をとる可能性があります。これは、変化を恐れたり、過去に固執することであらわれるかもしれません。変化を受け入れ、前進することが求められます。
- 運命の流れにあらがう：人生の変化や運命の流れに抗う姿勢は、ストレスや不安を増大させることがあります。このカードは、変化を受け入れ、柔軟に対応することの大切さを示しています。

④シンボル

- 輪：サイクルと永遠を象徴し、人生の変化や信仰をあらわします。
- 中央の図形：人生における変化と動きを象徴。この図形は、時に予期せぬ方向への変化を示し、人生のサイクルや運命の不確実性を反映。生成流転の概念をあらわすように、この図形は、人生が常に変わり続けること、つまりすべてのものは絶えず変化し、流転しているという事実を示します。

  タロット（TROT）自体を象徴し、人生の旅や変化に対する洞察とガイダンスを提供することを意味。タロットは人生の多様な側面を探求する道具として機能。

  ヤハウェ（YHVH）ヘブライ語で神の名前をあらわします文字列。この言葉は人生の旅や運命 のサイクルが神秘的または霊的な力によって導かれることを示唆している可能性があります。

- 4人の天使：これらの天使は、タロットの四大スート（棒・カップ・剣・コイン）を象徴し、同時に占星術の獅子座、蠍座、 水瓶座、

牡牛座をあらわします。獅子座は火の元素を象徴し、情熱、創造性、リーダーシップの特徴を持ちます。蠍座は水の元素を象徴し、感情の深さ、変化、変容のプロセスをあらわします。

水瓶座は空気（風）の元素を象徴し、独立性、知性、革新の特徴を持ちます。

牡牛座は土（地）の元素を象徴し、物質的な安定、実用性、忍耐の特性を持ちます。

これらの象徴は、人生のサイクルや変化におけるさまざまな力やエネルギーのバランスを示します。

- スフィンクス：運命の輪の頂点に座っており、知恵とパワーの象徴。この位置は、人生のサイクルや運命の上での支配的な力、つまりコントロールと需要のバランスをあらわします。
- 蛇：変化、変容、再生のシンボルです。運命の輪の下降する側面に位置し、終わりとはじまり、死と再生のサイクルを象徴。
- 狐：狐はしばしば機知と賢さの象徴とされ、運命の輪の上昇する側面に位置。この位置は、機会を見極め、変化に対応する能力を示しており、人生の流れにおける進歩と成長をあらわします。
- 背景の雲：不確実性と変化の象徴であり、流れに逆らわずに受け入れることの重要性を示します。

これらのシンボルは、運命の輪のカードが持つ、変化と周期性、運命と自由意志の間の緊張関係を表現。人生のサイクルの中で絶えず変化し、進化することを教えてくれるシンボル。

⑤実践的アドバイス

運命の輪のカードがあらわれたとき、それは変化と新しいチャンスの波に乗る準備のサインです。予期せぬ変化は恐れることなく、新たな視点やチャンスを受け入れましょう。

このカードは人生の流れを感じ取り、自分の直感を信じることの重要性を示しています。

変化を受け入れ、心を開いて新しい経験に挑戦することで、人生の新しい章がはじまる可能性があります。

運命の流れに身を任せ、自分の人生の運転手として、新しい冒険に積極的に飛び込む勇気を持ちましょう。

運命の輪のカードは、愚者に変化を受け入れ、直感を信じる勇気を与えます。このカードは、未来への道を照らし、夢を現実に変える力を携えています。

〔11〕正義

キーワード：公正　正直さ　誠実さ
　　　　　　　バランス　裁判
　　　　　　　不条理

①テーマ「バランスと調和の維持」

正義のカードは、人生におけるバランスと調和、そして公正さの重要性を象徴。このカードは、私たちが直面する選択や決断において、公平性や正直さを保ちながら行動することの大切さを示しています。

また、自己の行動や選択がもたらす結果に対する責任感を育むことも教えています。正義のカードは、個人的な関係、職場での決断、さらには社会的な問題においても、真実を追求し、公平無私なアプローチをとることの重要性を強調します。

このカードは、バランスを取ることの重要性、そして行動には常

に結果が伴うという事実を受け入れることを促しています。

②愚者の旅－正義に出会う

　愚者が正義に出会うとき、彼は自分の行動の結果に向き合い、自信の選択が他人や世界がどのような影響を与えるかを学びます。これは、自己認識と責任感の成長を意味します。

③基本的意味
正位置

- 公正な判断：人生において重要な判断や選択を行う時期を意味します。これは法的な問題、道徳的な選択、あるいは日常生活における重要な決断を示唆することがあります。これらの判断には、公正さと正直さが求められます。
- 事実が明らかになる：隠された事実や真実が明らかになる可能性があります。これは個人的な関係、仕事上の問題、あるいは自己認識に関わることも含まれます。真実を受け入れ、それに基づいて行動することが重要です。
- 法と秩序の尊重：ルールや規則が重要な役割を果たします。これは仕事のプロジェクト、法的問題、あるいは日々の生活における規律を意味することがあります。法と秩序を尊重し、規則に従うことが重要です。

逆位置

- 不公平さへの対峙：公平性が欠ける状況や不正義に局面する可能性があります。これは仕事の不平等、個人的な関係での偏見、あるいは自己評価の歪みを意味することがあります。不公平さに立ち向かい、公正さを求めることが重要です。
- 真実の曲解：真実がゆがめられるかの姓があります。これは誤解

や欺瞞による問題、あるいは自己欺瞞を意味することがあります。事実を見極め、真実を追求することが必要です。

- 生活のアンバランス：人生のさまざまな側面が不均衡になることがあります。これは職場での反抗、法的問題における非協力的な態度、あるいは日常生活における無秩序を意味することがあります。規則を理解し、それに従うことの重要性を認識する必要があります。

④ シンボル

- 天秤：天秤は、バランスと公平性のもっとも強力な象徴。天秤均等にバランスを取っていることは、すべての事象が公平に評価されるべきであることを意味。
- まっすぐ前を向いている顔：直視する顔は、正義の公平性と中立性を象徴。これは、偏見や先入観なしに物事を見ることの重要性をあらわしており、冷静かつ客観的な判断を意味。
- 剣：手に持った剣は、理性と公正な判断の力を象徴。剣が上向きに描かれていることは、真実と公正が積極的に追及されることを示唆します。
- ２本の柱：この２本の柱は、バランスと法との秩序の象徴。これは、正義が均衡と調和を維持することの重要性をあらわします。
- 胸元の飾り：胸元に描かれた飾りは、しばしば心の純粋さや、内面の誠実さを象徴。これは公正な判断を下すためには、純粋で誠実な心が必要であることを示します。
- 紫のヴェール：背後にかけられた紫のヴェールは、知恵と深い洞察力を象徴。紫は霊性や意識の高さをあらわす色であり、正義の決断が高い判断力に基づいていることを示します。
- 右足：正義のカードに描かれた人物の右足が少し前に出ている姿

勢は、行動の基準と決断の意志をあらわします。これは、公正な
判断を下すためには、積極的な姿勢が必要であることを象徴。

⑤実践的アドバイス

　正義のカードがあらわれたとき、それはバランス、公正さ、そし
て真実を追求することの重要性を示唆しています。日々の選択や決
断において、公正性を心がけ、正直さを尊重しましょう。このカー
ドは、自己の行動に責任を持ち、その結果を受け入れることの大切
さを教えてくれます。

　また、隠された真実や解明されていない事実に対する注意深さも
求められるでしょう。公正な判断を下すためには、情報を客観的に
分析し、偏見や個人的な感情を排除する必要があります。心身のバ
ランスを保ち、人生の各側面で均衡を取ることも重要です。正義の
カードは、自分自身と他者に対する公正な扱いを促し、誠実に行動
することで、人生における調和と平和を実現することを示唆してい
ます。

〔12〕吊るされた男

キーワード：自己犠　待機
　　　　　　　物事を異なる視点から見る
　　　　　　　分析　中途半端
　　　　　　　引きこもり　観察

自己犠牲について

　個人的な利益や快適さを一時的に脇に置き、より大きな目的や他

人のために行動することです。この行為は、個人的な損失よりも深い意味を持ち、私たち自身の成長、他者への貢献、そして全体の調和に貢献します。たとえばボランティア活動に参加することや、環境保護のために努力することなどが含まれます。自己犠牲は私たちが大きな全体の一部であるという認識を深め、広い視野で物事を見る機会を提供します。これにより、内面的な成長と充足感を促進し、より大きな意味と目的のために自己を超越する選択をすることができます。

①テーマ「自己犠牲と新しい視点」

吊るされた男のカードは、自己犠牲と物事を異なる視点から見ることの重要性を象徴。このカードは、私たちが直面する状況や問題に対して、一般的な視点を越えて深い洞察を得ることの大切さを示しています。また、短期的な利益を犠牲にして長期的な目標やより大きな価値を追求することの重要性を教えています。

吊るされた男は、一見、逆境や制約に見える状況でも、そこから学び成長する機会を見出すことを示唆しています。このカードは固定観念を手放し、新しい視野で物事を捉えることで、自己発見と精神的成長が促されることを強調します。

物事の本質を深く理解し、より広い視野で状況を評価することの価値を認識することが、このカードのメッセージです。

②愚者の旅－吊るされた男に出会う

愚者が吊るされた男に出会う段階では、彼は深い内省と精神的な成熟のプロセスを経験します。

彼は、吊るされた男の姿を通して、自分の欲望や目標を一時的に後回しにすることの意義を理解します。

　これは、より大きな目的や高い理解のために、個人的な快適さや利益を犠牲にすることの価値を学ぶ時期に来ていることをあらわしています。また、愚者は日常の枠を超えた視点から物事を見ることの重要性に気づきます。これは、通常とは異なる角度からの洞察や、新たな視野を開く機会をもたらします。

　愚者は、この遭遇を通じて、より成熟し、自己の限界を超えて成長する道を歩みはじめるのです。

③基本的意味

正位置

- 自己犠牲：自分の直接的な利益や快楽を一時的に後に回して、より大きな目標や他人のために尽くすことを促します。これは、すぐの満足よりも将来的な成果を優先する行動を意味します。
- 精神的な成長：心の奥深くを探求し、自分自身をより深く理解することで、個人的な成長が促されます。これは自己発見と内面の成熟への旅です。
- 新しい視点：周囲の世界を新たな角度から見ることで、新しい発見や深い理解を得られます。慣れ親しんだ考え方を手放し、新しい視点で物事を捉えることが可能になります。
- 待機と忍耐：すべてが自然に進行するのを静かに待つことの大切さを示します。焦らずに、時間をかけて物事がどのように展開するかを見守ることが大切です。

逆位置

- 無駄な自己犠牲：他人の期待に従い、自分の真の目的や価値観を見失い、他人の意見に盲目的に従う結果、自分の内なる声を無視し、個人の成長や幸福を妨げることを意味します。大切なのは、自分の望みに基づいて決断し、外部の圧力に左右されずに自分の

道を歩むことです。自分自身の声に耳を傾けることが、より充実した人生への鍵となります。

- 視野の狭さ：新しい視点で物事を見るのが難しく、古い考え方に固執してしまうことがあります。柔軟性を欠き、新しい可能性に気づかないことがあるかもしれません。
- 精神的な停滞：内面的な成長や自己発見のプロセスが停止することを意味します。これは、新しい経験や変化に対する抵抗、自己反省の欠如、過去に対する過度の固執などによって起こります。この感情は、不安や恐れから生じることがあり、精神的な成長を妨げる主な障害となります。成長と自己実現を促すためには、これらの不安や恐れを受け入れ、積極的に自己反省を行うことが重要です。
- 忍耐力の不足：物事に対する忍耐が足りず、急いで解決を求めがちです。このせっかちさが、よりよい結果を見逃す原因になることがあります。

④シンボル

- 逆さに吊るされている：日常とは異なる角度から物事を見ることの大切さをあらわします。ときには物事を違う視点から見ることで、新たな理解やアイデアが生まれます。
- 4の字に組んだ足：心のバランスと調和を保つことの重要性を象徴。日々の忙しさの中でも、自分自身の内面の平和を保つことが大切です。
- 後ろ手：時には私たちの自由は、自分自身の制限や周囲の状況によって制約されることがあります。自己犠牲や制限を感じるとき、その意味を深く探求することが重要です。
- 靴を履いている：物理的な世界とのつながりを意味。現実世界と

精神的な世界のバランスを取ることの重要性を思い出させます。

- 生きている木：成長と生命力の象徴。自然や周囲の環境とのつながり通じて、私たちは常に成長し、進化します。
- 光背：精神的な成長や新しい理解をあらわしています。困難な状況でも、私たちは学び、成長する機会を得ることができます。
- 苦しんでいない顔：外部の状況にもかかわらず内面の平和と調和を保つことを象徴。この表情は、逆光に直面しても精神的な成熟と落ち着きを保ち、深い理解と精神的な自由を保つ能力を示します。これは困難な状況でも内面の強さを保つことの重要性を強調し、精神的な進化と開放の象徴となっています。

⑤ 実践的アドバイス

　固定観念を手放し、物事を新しい視点から見ること、一時的な快適さを越えて長期的な目標に集中すること、内面を深く探求して自己理解を深めること、そして物事が自然に進展するのを静かに待ち、忍耐と注意深さをもって適切なタイミングで行動することは、自己成長を促し、最良の決断に導くステップです。

〔13〕 死神

キーワード：変化　終了とはじまり
　　　　　　　清算する　変容　停滞
　　　　　　　腐敗　変化を恐れる

① テーマ「変化と再生」

　死神のカードは、終わりと新しいはじまり、そして変化と再生を

象徴。このカードは、人生のあるフェーズが閉じ、新たな道が開かれることを示しています。

　これは物理的な死を意味するのではなく、変化のサイクル、振り物の終わりと新しいもののはじまりを意味します。過去を手放し、未来に向けて前進するための重要な過程をあらわしています。

②愚者の旅－死神に出会う

　愚者が死神に出会う段階では、彼は大きな変化と変容の時期に直面します。ここでは、古い習慣や過去の自己を手放し、新たな自己へと変化するプロセスを経験します。具体的には、キャリアの変更やライフスタイルの改善、人間関係の見直し、そして価値観の変化などが含まれます。これらの経験は、成長と自己発見の重要な段階であり、人生の新しいフェーズへの移行を示しています。

　この段階では、愚者は不安や恐れを乗り越え、変化を受け入れることの大切さを学びます。この変容は、苦痛を伴うこともありますが、それは成長のための必要なプロセスだと理解します。

③基本的意味

正位置

- 大きな変化：人生の重要な転換点を迎え、大きな変化が訪れる時期です。これは新しいチャンスや可能性のはじまりを意味し、個人的な成長につながる機会を提供します。

- 終了：何かが自然に終わりを告げるときです。これには、職業上の変化、たとえば長く務めた職我を離れて新しいキャリアに転向すること、人間関係の終わり、つまりパートナーシップや友情が自然に終わって新しい関係がはじまること、また、引っ越しや移住による生活環境の変化、過去の信念や価値観を見直し、新しい

自己認識に至るプロセスなどの内面的な変化など、これらは古い状況が閉じ、新しい段階への移行を示しており、人生の重要な転換期を示しています。

- 新しいはじまり：新たな冒険と機械の時期を象徴。これには、新しいキャリアへの転換や新しい職場への進出、新しい友情やパートナーシップの形成、新しい地域やコミュニティーへの移住による新たな生活の開始、そして新しい価値観や自己認識の基づく個人の成長と再発見が含まれます。

これらはすべて、新しいスタートと可能性のときであり、人生の新しい段階への入り口を示しています。

逆位置

- 抵抗：変化に対する抵抗や恐れがあり、新しい状況に適応するのが難しいことを意味します。これは未知への変化を受け入れることに躊躇しています。

- 未完了：何かが完全に終わらないために、新しいはじまりが遅れる状況です。過去を手放すことができず、新しい機会を迎えるのが遅れることを示しています。

- 停滞：成長や変化が停滞し、進歩がみられない状況です。この停滞は、個人的なの成長を妨げになり、新しい機会を見逃す原因となります。

- 未解決：解決されない問題や未完了の事柄があります。これが新しい成長の道を阻んでいます。これらの問題に取り組み解決することで、新たな成長への道が開かれます。

④シンボル

- 旗：旗に描かれた白いバラは変化の中での純粋さと美しさを示します。黒い旗は必然的に訪れる変化と終末をあらわします。

- 鎧：不滅と永遠を象徴。物理的な死を超えた存在を示します。
- 白馬と赤い目：白馬は純粋さと力を象徴。馬の赤い目は、変化に対する不変の力と情熱をあらわします。
- 朝日：背景にある朝日は、新しいはじまりと再生の象徴。夜が終わり、新しい日がはじまることを示します。
- 法王と2人の少女：社会的地位や身分の違いに関わらず、死がすべての人に平等であることを示しています。人生の普遍的な心理と変化の不可避性に対する洞察を、死神のカードは示します。

  法王は通常、権威や宗教的な力を象徴し、2人の少女は、社会的地位や階級の違いに関わらず、死の前ではすべての人間が平等であることを強調しています。

  また、白い服を着ている少女は、純粋さや無垢を象徴し、貴族的な身分やより高い社会的地位を示します。青い服を着た少女は、庶民またはより質素な生活を送る人々を象徴。
- 船：背景に描かれている船は、人生の旅と霊的な旅路を象徴。水の流れは変化と時間の流れをあらわします。また、船が左から右への進行は、人生における重要な移行期や変化の段階を象徴。
- 青い服を着た人と王冠：地位や権力の無力さをあらわしており、死の前ではすべてが平等であることを示します。
- 川と断崖絶壁：これらは自然の力と、人生の旅路における障害や困難を象徴。

⑤実践的アドバイス

　死神のカードは、人生の変化と新しいはじまりを象徴。変化に対する受容、過去からの解放、そして新しい機会への開放性を促します。変化を恐れず、新しい道を歩む勇気、未解決の問題を解決し、過去の終わりから新しいはじまりへと進むための準備をすることの

重要性を示唆しています。成長と再生の過程で、古い習慣や制約を手放し、自己発展のための新しいスペースをつくりだすことが求められます。

〔14〕 節制

キーワード：調和　融合　緩やかな進歩
　　　　　　無駄に時間や労力を使わない

①テーマ「バランスと調和の探究」

　節制のカードは、日々の生活の中でのバランスと調和の大切さを教えてくれます。過剰や極端な行動を避け、落ち着いた、バランスのとれたアプローチを取ることの重要性を示しています。

　感情や行動を上手にコントロールすることで、感情や思考などの自分の内側と日常生活や人間関係などの外側のどちらにも平和と調和をもたらすことができます。

　また、節制は、仕事や家庭、趣味など、さまざまな生活の側面をうまく組み合わせて、安定した生活を築くためのガイドとなることも伝えています。

　これは長い目で見て、心の安定と幸せを育むための方法として非常に役立ちます。

② 愚者の旅─節制に出会うとき

　愚者が節制に出会う段階では、彼は内面と外の世界との間のバラ

ンスを見つける方法を学びます。

　この過程では、極端な行動を避け、調和の取れたライフスタイル
を目指すことが重要です。彼は感情や行動を適切に管理する技術を
身につけ、自分の感情や衝動によって生じる混乱から抜け出し、平
和と調和を見つける方法を探ります。

　この段階では、愚者が自分自身をより深く理解し、個人的な成長
を遂げるための重要な時期です。

　彼は、日々の選択や行動が自分の幸福と生活の質にどのように影
響を与えるのかを学び、自己制御と忍耐を通じてよりよい人生の道
を歩むことを学びます。

　この自己認識のプロセスは、彼をより充実した、バランスのとれ
た人生へと導きます。

③ 基本的意味

正位置

- 調和の探究：日常生活においてバランスを見つけ、異なる要素の
  間で調和を保つことが重要です。これは、極端な行動や思考を避
  け中庸を保つことを意味します。
- 忍耐と自己制御：感情や衝動を適切に管理し、自己制御を保つこ
  とが求められます。忍耐を持って行動し、長期的な目標に向けて
  着実に進むことが大切です。
- 緩やかな進歩：急激な変化ではなく、着実で穏やかな進展を目指
  すことが大切です。一歩ずつ前に進むことで、長期的な成功と充
  足感を得ることができます。
- 創造的統合：異なるアイデアや視点を統合し、創造的な解決策や
  アプローチを生み出す能力を象徴。
  このプロセスにおいて、多様な要素や思考が組み合わされ、まっ

たく新しい形のアイデアや概念が生まれます。

創造的統合は、問題解決やイノベーションにおいて重要な役割を果たし、新しい可能性や未探求の道を探求するうえで大きな価値があります。

逆位置

- 不調和：仕事や家庭、友人関係など、あなたの周囲とのバランスが崩れています。これらの環境での調和を取り戻すために、現状を再考し、適切な調整を行うことが大切です。

- 自己制御の欠如：時に感情や衝動をコントロールすることが難しいことがあります。

   このようなときは、意識的に自分の感情や行動に目を向け、積極的に管理することが大切です。

- 進展の遅れ：目標達成に向けた進捗が遅れているかもしれませんが、急がずに着実に進むことが大事です。一歩一歩確実に進めば目標は達成できます。

- 資源の浪費：エネルギー、時間、金銭などの資源を無駄遣いする傾向があります。

   これは、不必要なことに力を注ぎ、大切なものを見落とすことを示唆しています。

④シンボル

- 翼を持つ天使：天使は調和と調整の精神的な力を象徴。
   翼は自由と霊的な昇華をあらわし、高い意識の状態に到達することを意味。

- 2つの聖杯：感情と理性の間の調和を象徴。聖杯から流れる水は、エネルギー、感情、アイデアの流れをあらわし、それらをバランスよく統合することの重要性を示しています。

- 足が地と水に：この様子は、現実世界と感情の世界の間のバランスをあらわします。物質的な実在と感情的な感覚の間での調和を示します。
- 額の太陽：額にある太陽は、明晰さと啓発を象徴。精神的な明るさとポジティブなエネルギーを示します。
- 胸にある四角と三角：この四角形と三角形は、地と空、物質と精神の間の調和を象徴。
  これは物質的な現実と高次の精神世界の統合をあらわします。
- 王冠と王冠へ続く道：王冠と道は、精神的な目標への道を象徴。進むべき方向性と精神的な進化の道筋を示します。
  王冠は、成功、成就、または高い目標を象徴。また、王冠は権威や力の象徴でもあり、精神的な進化、自己啓発、成果の達成において、個人が内面で得るべき権威や自己認識を示していることもあります。
- アイリス：希望とメッセージを伝える象徴。これは新しいはじまりと成長のメッセージを示します。

⑤実践的アドバイス

節制のカードは、自分自身と周囲の世界との間でバランスを保ち、極端な行動や感情を避けることの重要性を示しています。

感情や衝動を上手に管理し、落ち着いた自己制御を維持することが求められてます。

また、急いで行動するのではなく、一歩一歩、確実に進むことで、長期的な安定と調和を目指しましょう。

このカードは、内面の平穏とバランスを保ちながら、ゆっくりと成長と進歩を促し、自己認識と精神的成長を深めるプロセスを支援します。

6　神界は悪魔から世界への
　　タロット7つの変革？

〔15〕悪魔　〔16〕塔　〔17〕星　〔18〕月　〔19〕太陽　〔20〕審判　〔21〕世界

〔15〕悪魔

キーワード：堕落　誘惑　強迫観念
　　　　　　　物質主義　創造的な力の開放
　　　　　　　更生する

①テーマ「束縛と自由の探究」

　悪魔のカードは、自己制限や物質的な欲求による束縛を象徴。このカードは私たちが自らつくり出した制約や依存、誘惑に対する警告として機能します。また、内面の陰と向き合うことの重要性を教えてくれます。このカードは、自由を求め、自己制限から抜け出すための内面の戦いをあらわしています。

②愚者の旅─悪魔に出会う

　愚者が悪魔に出会うことによって、彼は自己制限や物質主義の罠、そして内面の闇と向き合う重要な教訓を学びます。この段階で愚者は、自らを縛る心理的な鎖や依存状態を認識し、それらから自由になる方法を探求します。

　彼は物質的な欲求や表面的な満足が真の幸福をもたらさないことを理解し、より深い精神的な価値へと目を向けるようになります。

　また、一時的な快楽や誘惑に対して抵抗する力を育て、長期的な

視野を持つことの重要性を学びます。さらに、自身の隠れた側面や抑圧された欲求と直面し、それらを受け入れて成長する過程を経験することで、内面的な成長を遂げるのです。

③ 基本的意味

正位置

- 自己制限の認識：あなたが自らつくり出した制約や依存状態を認識し、これらから自由を求めることが重要です。これは、自分自身を束縛する行動や思考パターンを見つけ、それらに挑戦することを意味します。

  他人の期待に応えようとしていませんか？　自分の本当の望みを追求する勇気を持ちましょう。

- 物質主義への注意：物質的な欲求や表面的な満足に重きを置くことの警告です。本当の幸せとは何かを見極め、内面の価値に焦点を当てることが求められています。このカードは、物質的な所有よりも、人間関係や個人的な成長に価値を見出すことを促しています。

- 誘惑への抵抗：欲求や誘惑に負けやすい状況にあることを示しています。ショッピングや食べ物、あるいは仕事の過度なストレスからの逃避としての娯楽へと容易に流される傾向があります。

  このカードは、短絡的ではなく、自己実現や健康的な生活様式を選択することの大切さを示唆しています。

- 内面の闇との戦い：自分の暗い面や隠れた欲求と向き合うことが必要です。たとえば、あなたが過去の失敗や挫折に対して抱えている恥や罪悪感を持っているとしたら、それらを受け入れて克服する必要があります。このカードは、自分自身の弱点や失敗を認め、それらからの学びによって成長することの重要性を教えてい

ます。

逆位置

- 自由への道：このカードは、自己制限や依存状態からの開放を意味します。これは、過度の飲食や喫煙、ネガティブな信念や物の見方など、自分自身に課している不健康な習慣や制限から抜け出す機会を指し、個人がより健康的でポジティブなライフスタイルへと向かうためのステップを促します。この過程では、否定的な自己認識を改善し，自身の潜在能力を最大限に活かすことで、満足のいく人生を歩むための道が開かれます。

- 精神的な覚醒：物質的なものや表面的な欲求にとらわれず、真の自己と向き合うことを示します。これは、たとえば、キャリアや社会的地位に捉われることなく、自分自身の内面的な価値や目的を見つけるプロセスをあらわしています。この段階では、内面的な成長と精神的な目覚めが促進されます。

- 欲望のコントロール：欲求や誘惑に振り回されることなく、自分の感情や行動を効果的に管理する能力が向上することを意味します。

  これにより、感情的な衝動に左右されず、よりバランスの取れた決断が可能になります。

- 内面の癒し：過去の傷やトラウマに立ち向かい、心の平和を取り戻す過程を指します。

  これは、過去の経験や失敗から学び、自分自身の本質をより深く理解することで、精神的な健全さを取り戻すことを示しています。

【悪魔】の正位置と逆位置について

　正位置は、通常、自己制限、依存、物質主義、内面の闇といった、より厳しいテーマをあらわします。これは、個人が直面している課

題や、内面的な苦悩、制約された状況を示しています。

　正位置の場合、これらの課題に気づき、対処する必要があること
を示唆しています。逆位置は、これらの束縛や制約からの解放、精
神的な覚醒、自己を癒す、欲望のコントロールといった、より肯定
的な側面を示します。逆位置の場合は、個人の内面の課題を克服し、
より健康的で自由な状態へと移行していることをあらわしていると
解釈できます。

　よって、正位置の【悪魔】が現在直面している挑戦や制約を示す
のに対し、逆位置の【悪魔】はこれらの制約から脱し、より明るい
未来への道を進んでいることを示唆しています。逆位置は、苦難か
らの回復や成長の過程を暗示し、「暗いトンネルの先に光がうすら
ぼんやりと見えている状態」です。

④シンボル

- 悪魔の大きな角と2人の小さな角：大きな角は、力と支配の象徴。
  これは束縛と誘惑の力が非常に大きく、影響力が強いことを示し
  ます。小さな角は、彼らが悪魔的な影響に染まりはじめているこ
  とを示します。物質的な欲求や自己制限の影響を受けて、自らの
  精神的な価値や純粋さを失いつつあることをあらわします。
  この大小の角は、カードが伝えるメッセージ、特に束縛、誘惑、
  自己制限のテーマを視覚的に表現。

- 五芒星　：物質的な欲求が精神的な価値を支配している状態を象
  徴。通常の五芒星は、精神をあらわしますが、逆の五芒星は肉体
  や物質が優先されていることを示します。

- 掌と指：悪魔の手のひらは、一見すると「ますかけ」という手相
  のシンボルに似ています。ますかけは、とてつもない実力を発揮
  し、成功に導く強運の相といわれています。ここでは、悪魔がそ

れを模倣することで、成功や力の象徴を巧妙に利用し、誘惑の手段としていることを示唆。また、法王と似た指の形をしています。これは、悪魔が聖職者のように見せかけていることを示しています。カードは、外面的な成功の誘惑に対する警告であり、真の充実感は内面的なバランスと調和から生まれることを思い出させます。

- 白い羽：悪魔カードにおける白い羽のシンボルは、純粋さや精神性が損なわれている状態を象徴。通常、白い羽は、純粋さや無垢さをあらわし、悪魔の存在や影響によって、本来持っている純粋性や高い精神性が失われている状態を示します。

  このシンボルを通して、カードは私たちに、内面の価値を見失わないようにとの警告を発しています。

- 松明：赤々と燃え盛る松明は、破壊的な力や欲望をあらわします。また、明かりを失った闇の中を照らす光として、誤った方向への導きをあらわすこともあります。

- 2人の表情と尾：カードに描かれた2人は、依存や束縛の状態を示します。彼らの表情や尾は、束縛の状態への屈服や、それに伴う感情的な影響を表現しています。

- 黒い背景：この黒い背景は、不明瞭さや未知、または潜在的な危険をあらわすことがあります。これは、悪魔のカードが示す不確かな状況や不安定な感情に状態を反映しています。

⑤実践的アドバイス

　自己制限や依存からの解放を目指し、真の自由を求めましょう。物質的な満足にとらわれず、内面の成長に焦点を当て、誘惑に抵抗する強さを身につけましょう。

　自分の心の底にある闇と向き合い、自己発見と癒しの道を歩むこ

とが、真の自己実現への鍵となります。

このカードの正位置でのメッセージでは、私たちが自分自身を縛る思考や行動に気づき、誘惑に立ちむかう勇気を持つことの大切さを、逆位置では、過去の制約から解放され、心の傷を癒す道のりの重要性を示しています。

内面の旅を通じて自己発見と真の自由を見出す機会を提供しています。

〔16〕塔

キーワード：突然の変化　解体と再建
　　　　　　　真実の啓示　内面の強さ
　　　　　　　自由への道　衝撃

① テーマ「人生の転機と変容」

予期せぬ出来事や大きな変化を通じて、混乱や不安をもたらしつつ、新しい可能性や機会を開きます。これは、古い構造や信念の解体を意味し、それに伴い新たな理解や基盤の再建を促します。

この過程は、過去の誤解や偽りを明らかにし、隠された真実を表面化することで、新たな進歩を可能にします。同時に、困難な状況に直面する際に必要とされる内面の強さと回復力を強調し、個人がより強く、堅固な自己を構築する過程を示します。

さらに「塔」は、制約や束縛からの解放と、新たな自由への道を開くことを象徴し、真の自己実現へと導きます。

このカードは変化と再生のプロセスを通じて、個人の成長と変容を促すメッセージを伝えています。

②愚者の旅─塔に出会う

　愚者が塔に出会うのは、彼の旅の中で最も劇的で変革的な瞬間の
１つをあらわしています。この段階では、愚者は自分の信念や理解
が根本から揺さぶられる体験をします。

　古いアイデンティティや考え方が崩れ去り、これによって愚者は
より深い真実と自己理解に到達します。この経験は痛みを伴うかも
しれませんが、最終的にはより本質的な自己へと進化するための重
要なステップとなるのです。

　塔のカードは挑戦的でありながらも、個人の成長と変革のための
重要な役割を果たすカードです。それは、愚者の旅において、真実
と自由への道を開く鍵となります。

③基本的意味

正位置

- 内面的変化と進化：個人が体験する深い変容や進化の過程を象徴。
これは、挑戦を乗り越えることで、個人の深い理解と成熟を促す
機会を示しています。

- 真実の需要：事故や周囲の状況に対する真実の認識と受容を促し
ます。これまで見落としていた事実や、忌避していた現実に直面
し、それを受け入れることで、新たな成長への道を開くことを示
唆しています。

- 自己啓発と成長：個人の内面で起こる大きな変化や自己啓発のプ
ロセスを象徴。これは、困難な経験を通じて自己認識を深め、よ
り充実した自己へと成長する機会を示しています。

- 過去からの解放と新しい展望：過去の制約や限界からの解放を意
味し、新しい視野や展望を開くことを示唆しています。これによ
り、人生における新しい道や選択肢が見えるようになります。

逆位置

- 未解決の問題：塔は、未解決の問題や抑圧された感情の存在を指摘します。このカードは、これらの問題に向き合い、解決するための内省と勇気が必要であることを示しています。
- 再評価と再構築：人生の方向性や価値観の再評価を促し、そこから新たな基盤を再構築する機会を示しています。古い枠組みや信念からの脱却を通じて、より充実した未来へと進むことを示唆しています。
- 内部の不調和とバランスの欠如：内面における不調和やバランスの欠如をあらわしています。このカードは、感情的な安定性を確立し、心の秩序を取り戻すことの重要性を示唆しています。
- 予期せぬ阻害と遅延：計画や進歩における予期せぬ障害や遅れを象徴。これは、計画の見直しや新しいアプローチを模索する必要があることを示しています。

④シンボル

- 落ちている２人：これは、人生の突然の変化や破壊的な出来事によって引き起こされる混乱と不安定を象徴。２人が落ちることは安定した状況からの強制的な離脱や、予期せぬ状況へと追い込まれていることをあらわします。
- 山頂に建てられた塔人間の野心や高慢、または不安定で危険な基盤の上に築かれた成果や信念を象徴。この塔の崩壊は、虚栄や誤った信念の終焉と、真実への目覚めを意味します。
- 雷：突然の啓示や紙からのメッセージを象徴。これは、予期せぬ出来事や衝撃的な変化の触媒として機能し、人生における重要な転換点を示唆します。
- 王冠：落ちていく王冠は、権力や地位の喪失を象徴。自己過信や

誤った権威の崩壊を意味します。これは、偽りの安定や傲慢な態度の終わりを示します。

- 火の粉：火の粉は変革と浄化のプロセスを示しています。これは、破壊的な柄も再生と新しいはじまりをもたらす力を象徴。古いものが新しいものに道を譲る過程を示します。
- 雲：雲は不確実性と変化の象徴。これは状況の不透明さや、見えない力が働いていることを示しており、確実性の欠如と不確定な未来をあらわします。

⑤実践的アドバイス

　塔のカードは、人生における突然の変化や困難を示唆していますが、これらは自己認識と成長の機会を提供します。このカードは、快適な状況からの脱却と新しい現実への適応を促し、内面の強さを発見し、過去を放棄して新しいはじまりを迎えることの重要性を教えてくれます。また、現実との対峙を通じて、精神的な成長を経験するチャンスを与えてくれるのです。

〔17〕 星

キーワード：希望　インスピレーション
　　　　　　　解放　調和　寛容　信頼の体験
　　　　　　　失望　悲嘆　無尽蔵

①テーマ「人生の挑戦を越えたあとの新しい希望と明るい未来への信頼」

　このカードは、人生の困難な段階を経ても、常に新しいはじまり

や未来があることを示します。どんなに難しい時期でも、私たちは新しい希望を見出し、自分自身や未来への信頼を深めることができることを教えてくれています。

　心の奥深くに秘められた可能性を信じることで、人生の新たな意義や目標に気づき、より強く、自信を持って前進することができるようになります。このプロセスは、困難を乗り越え、自己受容と宇宙との調和を見つけることを示唆しています。

②愚者の旅―星に出会う

　愚者が星のカードに出会うとき、それは波乱に満ちた日々を過ぎて、心の中に静けさや平和を見出す時が来たことを示唆しています。

　これは、自分自身との対話を深め、真の自己を理解する機会を意味します。この瞬間内なる本当の感情や願いに向き合い、それらを受け入れることで、自己愛と自己肯定の感覚を育みます。

　心の奥深くに穏やかさと調和を発見し、新たな希望や夢に向かって確かな一歩を踏み出すことができるようになるのです。

③基本的意味

正位置

- 明るい未来：希望に満ちた展望とよいことが起こる予感があるときです。新しいチャンスに直面しており、ポジティブに挑戦していくことが重要です。また、未来に対する自信が高まっており、その自信がさらなる前進を促す原動力となります。このカードは自分自身の能力を信じ、積極的に行動することの大切さを示しています。

- 感謝と謙虚さ：この時期は、日常生活の中で起こる小さな軌跡や幸せな瞬間に目を向け、それらに心から感謝することが重要です。

また、成功や成果を達成した際にも、謙虚な姿勢を保ち、自分だけでなく、支えてくれた周囲の人々や環境に感謝することが大切です。自分の成長や幸せを素直に受け入れることで、人生の深い喜びと満足を感じることができるのです。

- 霊的な洞察：内面の声や直感に耳を傾けることで、あなた自身の内面の真実を知るきっかけとなります。自分の直感を信じ、それに従うことで、人生の決断や選択に新たな光をもたらすことができます。夢やメッセージに注意を払い、それらを日常生活に取り入れることで、より充実した人生を歩むことができるようになります。

- 創造性：新しいアイデアや、プロジェクトに対するインスピレーションを意味します。創造的なエネルギーが流れ、アートや執筆、音楽などの分野で新しいことに挑戦するのに適しています。自分の内側から湧き上がるアイデアを信頼し、表現することで、新しい才能や可能性を発見できます。創造的な活動は、自己表現の手段としてだけでなく、自己実現の道としても機能します。

逆位置

- 失望：期待が裏切られたり希望が叶わない状況をあらわします。これは自分の期待や願いを再評価することが重要です。計画の見直しや新しい視点の探究を通じて、学びと成長の機会がもたらされます。また、このカードは、現実を受け入れ、挑戦から学ぶことの重要性を示唆しています。失望を経験することは、人生の深い教訓を得るための 1 つの過程として理解することができます。

- 現実逃避：現実からの逃避や否認を示します。挑戦や問題から目を背けることで、一時的な安心を得るかもしれませんが、長期的な解決にはなりません。この時期は、現実を直視し、問題に向き合う勇気を持つことが重要です。

- 失われた希望：かつて持っていた希望や目標が見失われることを意味しています。新しい目標を設定し、新たな夢に向かって努力することで、前進する道が開かれます。失われた希望を乗り越え、新しい可能性を探求することは、未来に対する新たな視点をもたらします。
- 内面の混乱：自分の考えがはっきりしないことや、自分自身との関係がうまくいかないことを意味します。このようなとき、環境を変えてみることや瞑想などを試すと、自分の感情や考え方のクセに気づきやすくなり、内面の混乱を乗り越えることができます。結果として、心の安定が得られ、それは全体的な健康とバランスへとつながります。

④シンボル

- 星（八芒星と７つの星）：八芒星は、希望と無限の可能性を象徴。７つの小さな星は、精神性や神秘的な力をあらわし、私たちの内面と宇宙とのつながりを示唆。
- ２つの瓶：感情と知性のバランス、与えることと受け取ることの調和をあらわします。
  また、豊かさと経済的な安定をもたらす流れとしても解釈されることもあります。
- 大地に注がれる水と泉：大地に注がれる水は、感情や愛の豊かさを地に根ざし、わかち合うことを象徴。
  泉は、創造的な源泉や精神的な刷新を意味します。
- 裸の女性：純粋さと脆弱性、そして自然との調和を象徴。自己受容と真実を受け入れる姿勢を示す。片膝をついているポーズは、謙虚さとバランスを象徴。
  地に足がついた態度と、物事を慎重に扱う姿勢を示します。これ

は、地に根ざしながらも、高い理想や目標に向かって努力するバランスを表現。

• 足が水につかっていない：「節制」のカードとは違い、物質的な現実と精神的な世界の間のバランスを体現します。

　彼女の姿は、現実と　理想の調和を求める重要性を象徴し、地に足をつけながらも高い　志を持つことの大切さを示します。

• 鳥：自由と高い目標への志向を象徴し、霊的な成長や解放のメッセージを伝えます。また、この鳥は、新しい段階や変化の時が来たことを示唆するシグナルとしても機能します。

　その存在は、成長のための準備が整い、前進する時が来たことを知らせています。

• 花：花は自然の美しさと、成長の開花のプロセスをあらわします。これは内なる美と成長の可能性を象徴します。

• 山：山は困難や挑戦を克服する強さと耐久性を象徴。また、高い目標や精神的な高みへの到達をあらわすこともあります。

・水の流れ：変化と進化の流れを示し、新たなはじまりを象徴。

⑤実践的アドバイス

　星のカードは、個人の人生において新たなはじまりや霊的な洞察をもたらす時期を示しています。

　このカードは、問題や困難に直面しても、内面の光と希望を信じて前進することの重要性を教えています。自分自身の内面に耳を傾け、直感や感情を大切にすることがすすめられます。

　また、宇宙の流れに身を任せ、物事を自然な形で進行させることにも意味があります。困難な状況にあっても、希望を失わず、新しい可能性に目を向けることが大切となります。これは自己発見の旅であり、内なる平和と調和を見つけるプロセスとなり得るのです。

〔18〕月

キーワード：不確実性　混乱　直感
　　　　　　　幻想　争い
　　　　　　　本質が見えてくる
　　　　　　　潜在的な危険

①テーマ「現実と幻想の曖昧な世界」

　月のカードは、現実と幻想の間の不確かな境界線を示しています。このカードは、表面的な現象の背後にある真実を探求することを促し、直感を信じることの重要性を強調します。不確実性と恐れの中で、内面の声に耳を傾けることが、深い洞察と真実の理解への道を開くことを教えてくれます。

②愚者の旅－月に出会う

　愚者が、月のカードに出会うときは、心の中の混乱と直面する時期です。この段階では、何を感じているのか、何を考えているのかがはっきりしない状態を経験します。

　ここで重要なのは、混乱の中で自分の直感を大事にし、現実をしっかり見極めることです。自分の内なる感覚に注意を向けることで、現実の世界とのバランスを見つけ、自己理解を深めることができます。

③基本的意味
正位置
- 直感の強化：あなたの直感がより鋭くなり、内なる声がはっきり

と聞こえてきます。

たとえば何かオファーを受けたとき、論理的な理由を越えて、「これが正しい」という強い直感があるかもしれません。

この直感を信じ、それに従って決断することで、成功への道が開かれる可能性が高まります。日常生活での選択や重要な決断において、この直感を大切にすることが重要です。

直感を信じることで、自分自身の真の望みや目標に近づくことができます。

- 潜在的な問題の発見：日常生活の中で、何かが少し違うと感じる瞬間があるかもしれません。これは、あなたの心の奥深くに隠れていた感情や問題が表面にあらわれてきた兆候です。

  この気づきは、自分自身をより深く理解する大切な機会を提供します。心を開いて自分自身をよく見つめることで、感じていた違和感の原因に気づき、解決策を見つけることができるでしょう。

  これは日常生活や人間関係をより充実させ、心の安定を取り戻すためのステップとなります。

- 無意識の探究：夢や直感に注目することで、無意識の声をきき、日常生活とのつながりを探ることができます。

  このプロセスは自己理解を深め、内面からの重要なメッセージやヒントに気づかせてくれます。ときには内面の感じることが現実の出来事と不思議なほど一致することがあります。

  これは内と外との世界がつながっていることを感じる瞬間であり自己探求において興味深い体験となります。

- 感情の洞察：普段の生活で、小さなことにも感情が敏感に反応するようになったら、それは自分自身をより深く知るチャンスです。感じたことを受け入れ、自分の心と向き合うことで、心のバランスを整え、落ち着いた状態を取り戻すことができます。

逆位置

- 混乱と誤解：月のカードは、物事を正しく見ることが難しい状態や、情報をゆがめて受け取ることをあらわします。これは内面の不安や恐れが影響を与え、現実を正確に把握することできないことがあります。そのため、このカードが示す時期には、自分の感情や不安に基づいた思い込みに注意し、客観的な視点を保つことが重要です。

- 現実からの逃避：困難な状況や問題から目を背けて、すべてが自然によくなることを願うかもしれません。しかし、このような逃避は一時的な安堵をもたらすだけで、問題解決にはなりません。実際、状況はより複雑になり、解決が難しくなる可能性があります。現実をしっかりと見据え、問題に直接取り組む勇気が必要です。積極的に向き合うことで、解決への道が徐々に明らかになり、心の重荷も軽くなります。このプロセスは、成長と前進への一歩となります。

- 内省と自己欺瞞：自分自身についての誤った考えや味方に気づくことが重要です。たとえば、あなたが自分の能力を低く見積もって「これは私には無理だ」と感じることがあるかもしれません。また、新しいことに挑戦する前に「私にはできない」とあきらめてしまうことや、自分の問題を他人が解決してくれることを待つような状況もあり得ます。
今、あなたに必要なことは「来たものは受け取る」ということです。できないことは来ません。真実の心をもって、受け取ることが大切なときです。

- 過去の影響：過去の問題や感情が今のあなたに影響を与えています。これらを受け入れ、自分の感情と向き合うことが大切です。
一時的に自分の時間を持ち、内省することも役立ちます。しかし

完全に孤立するのではなく、必要に応じて他人のサポートを受け入れましょう。これにより、自己発見と成長が促されます。

④シンボル

- 三日月と満月：三日月は新しいはじまり、成長の可能性、変化の初期段階を象徴。また、未完成な状態や発展途上にあることを示します。精神的な成長や自己発見の旅のはじまりをあらわすことがあり、内なる変化や進化の可能性を暗示しています。
  満月は、完成、豊かさを象徴。プロセスの完了やサイクルの終わりを意味します。精神的な完成度や成熟をあらわし、感情や直感が最も強くあらわれる時期を示唆。また、無意識の領域からのメッセージや啓示が明らかになるときを象徴します。

- 落ちてくる火：啓示やインスピレーションの瞬間をあらわしています。
  または、挑戦や試練としても解釈されます。

- 2つの塔：現実世界の限界や障害を象徴します。また選択と二元性の象徴でもあり、生活の中で直面する2つの異なる道や決断をあらわします。

- 犬と狼：犬は家庭化された自然を、狼は野生の本能をあらわします。これらは私たちの内面にある文化的な側面と野生の側面のバランスを示唆。

- ザリガニ：無意識の深淵からの深化や成長を示します。ザリガニは水中から陸へと上がることで、進化や変容の過程を象徴。

- 沼：混乱や不確実性をあらわし、内面の深い感情や線税的な恐れを象徴。沼は、心理的な苦悩や混乱の状態をあらわします。

- 沼の水：感情的な深みや無意識の領域をあらわしています。沼の水は、内面の深くに隠れている感情や直感を象徴。

- 山に続く道：進むべき道、人生の旅、または目標への道を象徴。この道は、精神的な成長や進化への道のりを示します。

⑤実践的アドバイス

　月のカードは、不確実性や混乱の中で直感を信じることの重要性を教えてくれています。表面的な現象に惑わされず、内面の声を信じることで、深い理解と洞察を得ることができます。無意識の探究や夢の分析を通じて、自己理解を深めることが助けになります。また、恐れや不安に立ち向かい、それらを乗り越えることで、精神的な成長と自己発見の旅を進めることができます。

〔19〕太陽

キーワード：喜び　成功　明るさ
　　　　　　　活力　繁栄
　　　　　　　計画のとん挫
　　　　　　　元気を失う　人気

①テーマ「純粋さと喜びを通して、自己の本質へと目覚める旅」

　太陽のカードは、私たちが日々の生活の中で純粋な喜びと内なる平和を見出すことの重要性を示しています。この喜びは、表面的なものではなく、魂で感じる深いところから湧き上がる者であり、自己の本質や真の目的を理解する手掛かりとなります。

　さらにこのカードは、自己の内面に向き合い、真の価値や能力を発見する旅を象徴。日々の中で純粋で本質的な自己表現の価値を認

識し、内なる光を信じることで、真の目覚めと自己実現を達成することができます。

②愚者の旅―太陽に出会う

　愚者が太陽に出会うときは、彼の楽観的な性質が最大限に発揮される瞬間です。このカードは、愚者の内なる明るさと前向きな姿勢を強化し、彼の人生に喜びと成功をもたらします。この段階で、愚者は自分の楽観主義を完全に受け入れ、その結果として人生の明るい側面を体験します。

　彼は自信のポジティブな視点を通じて、周囲の世界の美しさと可能性を認識し、日々の生活をより豊かに楽しむことができるようになります。太陽の光の下では、愚者の旅は新たな活力と明るさに満ち、彼は喜びを存分に味わいながら、自己実現への道を進みます。

③ 基本的意味
正位置
- 成功：これまであなたが多くの時間とエネルギーを費やしたことによって努力が実を結び、目に見える成果を手に入れる瞬間がやってきました。たとえば、キャリアにおいては昇進や新しい仕事の機会が得られること、個人的な目標では、長年の夢であった本を出版することなどです。この成功は、あなたが過去に投じた努力が具体的な形となってあらわれ、個人的な満足感と自己成長を感じることを意味します。
- 幸福：日々の生活において、小さな成功や心温まる出来事が増え、幸せを深く感じるようになります。友人や家族と過ごすかけがえのない時間、趣味や興味が生み出す喜びが、あなたの心を豊かにしてくれます。

- 明るい見通し：未来への明るい希望と楽観的な視点が、あなたを前進させます。これは、新しいチャレンジに取り組む勇気を与え、困難な状況を乗り越える自信を養います。あなたの努力が報われて、夢や目標が現実のものとなる可能性が高まります。一歩一歩のチャレンジが希望に満ちた未来へとつながり、あなたの人生を豊かで充実したものにしていきます。このカードは、前進するたびに新たな扉が開かれ、人生が有意義な旅へと変わることを示しています。

- 調和と安定：このカードはあなたとの心と日常生活におけるバランスが整ってきたことを示しています。ストレスや不安が減り、心の安定を感じることができます。平穏な毎日を通じて、内面の平和と落ち着きを深めることができるでしょう。心のゆとりと穏やかな時間を楽しむよい機会です。

逆位置

- 遅延：目標に向かう道のりで予期せぬ障害や遅れが生じるかもしれません。しかし、これらは一時的なものであり、忍耐と継続がカギとなります。目標への道のりが遅れても、諦めずに努力を続けることで、最終的には望んだ結果を得ることができます。

- 小さな落胆：これは期待通りの結果が得られないときに感じる感情です。太陽のカードの光は、普段見えない小さな問題や改善が必要な点を明らかにし、それが一時的な失望を引き起こすことがあります。しかし、これらの発見は、大きな問題へと発展する前に、対処する機会を与えてくれています。新たな学びや成長の機会を与えられることにより、自己改善のための反省点を見つけるきっかけとなり、次のステップに向けて何が改善できるのかに気づくことができます。これらの小さな落胆は、長期的な視点で見れば、個人的な成長や進化への重要なステップとなります。

- 過度の楽観：楽観的でいることは、確かに心は明るくいられますが、現実を見誤らないよう現実的な視点を保つことが大切です。計画や目標設定では、楽観的な見通しと同時に潜在的なリスクや障害も考慮し、適切に準備することが重要です。このバランスを取ることで、過度な楽観による失望を避け、現実的な目標達成へと進むことができます。

- 満足感の欠如：現状に満足していない場合、それは変化や成長を求める声かもしれません。自分の本当に求めているものは何かを見つめ直し、自分にとっての幸福を定義し直すよい機会かもしれません。自分の欲求と目標を再評価し、新しい道を模索する時期かもしれません。

④ シンボル

- 太陽：エネルギー、活力、明るさを象徴。成功と幸福の源。
- まっすぐな光線と波の光線：まっすぐな光線は男性性を、波の光線は女性性を象徴。両者のバランスと調和をあらわします。子どもにとっては、父親と母親を象徴。
- 裸の子ども：純粋さ、無邪気さ、真実を象徴。インナーチャイルドと自然な自己表現を意味します。
- 白馬：純潔、力強さ、勇敢さを象徴。無謀さと勇気のバランスを示します。また、右へ向かっているのは、進歩、未来への動き、そして意識的な行動を象徴。
- 赤い旗：情熱、活力、意志力をあらわし、行動を起こすエネルギーを象徴。
- ひまわり：忠誠、信頼、幸福を象徴し、太陽へ向けるひまわりのように、人間も真実と光へと向かう傾向を示します。
- 壁：安全性と境界を象徴。内面の世界と外面の世界をわける役割

を担います。

太陽のカードは、人生の中で純粋な喜びと内なる光を見つけ、これらを最大限に活かすことを教えています。インナーチャイルドとのつながりを通じて、私たちは、無邪気さと楽観的な態度を再認識し、自分自身を真に表現することの喜びを自然に感じるようになります。このカードはまた、明るい未来への希望と前向きな見通しを強調し、努力が報われる成功と達成感を象徴しています。

調和の取れた人間関係の構築を通じて、友情や家族とのつながりを深めることも可能です。また、自分自身と調和し、人生の明るい側面を享受することで、充実した人生との真の自己実現への道を指し示します。

〔20〕審判

キーワード：復活　吉報
　　　　　　チャンスがやってきた
　　　　　　停滞　過去へ戻り出直す
　　　　　　再生　啓示

①テーマ「覚醒と変革」

このカードは過去の経験を振り返り、それらから学ぶことで新たな理解に至ることを示します。

自分自身を越えた大きなもの、たとえば運命や宇宙の流れとの調和を求め、新しい人生のステージへと進む準備が整っています。

これは、個人の成長と目覚めの時期であり、内なる呼び声に耳を傾け、真の目的に向かって進むことが強調されます。

②愚者の旅—審判に出会う

愚者が審判に出会うとき、彼は人生の大きな転機に立っています。これまでの旅で得た知識と経験が、彼を新しい理解のレベルへと導きます。彼は自分の内なる声に従い、自己実現と魂の成長へと進む決意を固めます。これは過去を振り返り、今までの人生の意味を理解し、未来への新たな一歩を踏み出す時が来ています。

③基本的意味

- 覚醒：覚醒とは、自分の中にある隠れた力や真実に気づくことを意味します。これにより、今まで気づかなかった自分の能力や人生において何が本当に大切かに目を開く瞬間が訪れます。また、審判のカードで裸の人々が描かれているのは、ありのままの自分を認め、それを大切にすることの重要性を示唆しています。このありのままの自分を受け入れることによって、新しい自信と明確さを得ることができ、人生においてより意味深いステップを踏み出すことができます。

- 変革：変革とは、内面の覚醒によってもたらされる人生の大きな転換期です。自分の中に新しく発見された力や真実を受け入れることで、生活や考え方に大きな変化が生じます。これは新しいキャリアへの転職や人間関係の変化など、生活のあらゆる面で顕著にあらわれることがあります。この変化は、単に外側の環境が変わるだけでなく、自分自身の内面からの成長と進化を意味します。覚醒によって気づいた自分自身の真の目的に基づき、より満たされた人生への道を歩みはじめるのです。

- 解放：解放とは、これまでの限界や束縛から自由になることを意味します。覚醒や変革を経て、自分が無意識のうちに課していた制限や古い考え方から解放されます。これにより、新しい行動をとる自由や、新たな選択肢を見つけることが可能になります。
  たとえば、これまで「自分には無理だ」と思っていたことに挑戦する勇気が湧いてきたり、新しい趣味や関心ごとに目を向けることができるようになります。この時期は、自分の本当の望みや能力に気づき、それを活かす機会を意味します。
- 内省と自己評価：これまでのプロセスを経て、自分の人生をより深く振り返り、真の目的や方向性について考える時が来ました。これまでの経験から学んだ教訓や自分の本質的な価値に気づき、これをもとに未来の計画を立てることができます。

逆位置

- 未解決の過去：審判のカードは、過去の感情や古い人間関係に関する未解決の問題を浮き彫りにすることがあります。これには、過去の失恋や家族との問題、古い友情に関する悩み、あるいは解決されていない職場での対立などが含まれることがあります。
  これらは、しばしば現在の感情の行動に影響を与えており、これらに向き合い、解決することが必要です。
- 内面の葛藤：自分に対する自信の欠如方生じる深い迷いや不安定さを示します。これには、人生の重要な決断への不確かさ、自分に対する価値観や信念の再評価、感情の波に振り回されること、そして自分らしさの探究などが含まれます。これらの混乱は、自分自身の真の望みや目的に対する理解を深めることが大切です。自信を持つことが必要な時期に来ています。そのため、具体的に自分の欠点や希望について、感情のあらわし方のクセなど、自己分析することで、内面の葛藤を乗り越える手助けとなります。

より充実した人生を歩むために前進する時期に来ています。

• 決断の遅れ：大切な決断を下すことへの躊躇が強調されます。
たとえば、新しい仕事の機会に対する決断や、人間関係の変化など、自信をもって行動を起こすことが求められます。

• 自己実現の妨げ：自分自身の可能性を完全に生かせていない状態は、変化を受け入れることへの不安や恐れによる閉ざされた心の状態を反映しています。あなたが真に望むものが何かを考えはじめるとき、それは本来の自分を取り戻す勇気を見つける過程のはじまりを意味します。

④シンボル

• 復活する人々：過去の自己からの解放と新たなはじまりを象徴。

• 天使のラッパ：高次の呼びかけや覚醒のシグナルをあらわし、内なる声への注意を促します。

• 赤い旗：情熱と活力の象徴。新たな行動への呼びかけを意味。
縦と横の赤いラインは統合を象徴。

• 雲：神秘的なメッセージや霊的な啓示を示します。

• 大河：個人が新たな意識や理解に到達する過程を示します。
自己発見と精神的な成長の道を進むことをあらわします。

• 6人の人たち：個人的な開放ではなく、誰もが人類全体としての成長において責任があることを示します。

⑤ 実践的アドバイス

審判は、あなたの内なる声に耳を傾け、深い自己理解を求める時期を示しています。

今、あなたが経験している変革は、魂のレベルでの覚醒を反映しており、人生における「なぜ今？」という問いに向き合うことが求

められています。

　過去と和解し、魂の目的について深く考えることで、新しい自己発見の旅がはじまります。

　このプロセスは、恐れや不安などの自己制限を超えて、本当の自分自身を表現するための勇気を育む機会を提供します。

　あなたの魂が本当に望みことを理解し、それに基づいて行動することで、人生はより充実し、意味のあるものになります。

　このカードは、自分自身の真の望みや目的に対する理解を深め、より充実した人生を歩むために前進する時期にきています。

〔21〕世界

キーワード：成功　達成　完成
　　　　　　　統合　調和
　　　　　　　不完全燃焼　平凡
　　　　　　　旅の終わり

① テーマ「達成と完全性」

　世界は大アルカナの最終カードであり、人生の旅の充実した完成と総合的な成功を象徴します。このカードは、長い旅の終わりに得られる深い理解と成長、そして真の自己表現をあらわしています。美しく調和し、バランスを取りながら、自分らしく生きる方法を体現しています。

　このカードに描かれているダンスは、魂で感じる喜びや解放感を表現しており、人生の旅を通じて得た豊かな経験と知恵の踊りともいえます。

②愚者の旅—世界に出会う

　愚者が世界に出会うとき、彼の旅は重要な節目に達し、人生の大きなサイクルが完成する瞬間を迎えています。この時期は、自己発見の旅を通じて得た魂のレベルでの深い理解と成長の成果が実を結び、内と外の世界の調和を見出したことを示します。

　ここで愚者は、自分自身の内面と外の世界が調和して、すべてが1つにつながっていることを理解し、その経験から得た知恵と洞察力を活かす準備が整います。

　これは達成と完全性の象徴であり、新たなはじまりへの扉が開かれた状態です。愚者はここで、人生の大きな目標を達成し、これまでの旅から得た教訓と経験を基に、新しい人生の段階への移行に向けて自らを整えることを学びます。

③基本的意味
正位置

- 成就：長い努力と持続の末に達成される充実感と達成感をあらわします。あなたが設定した目標や夢が現実になり、それによってもたらされる喜びと満足感は計り知れません。自分の可能性を信じ、それに向かって粘り強く努力した結果としての成功を意味します。

- 完全な統合：人生のさまざまな面が調和し、内側と外側の世界が一致しています。自分らしさを見つけることで、生活のバランスがよくなり、内面からの平和と満足を感じるようになります。この統合は、自分自身を受け入れ、現実の生活との調和を見つけることで達成されます。

- 全体性：人生のさまざまな側面が見事に調和し、全体的なバランスが取れている状態をあらわします。これは個人的な成長や自己

実現が完成し、内なる平穏と外的な成功が一致する状態を意味します。

たとえば、キャリアでの成功を享受しながらも、家庭生活や趣味など固持的な面でも満足している状況です。また、精神的に成熟し、感情的に安定し、さまざまな人間関係が良好であることも、この全体制の一部です。内面の安定と外界での認知が調和し、自己と他者との関係が健全な状態を築くことが全体性を生み出す要素です。

- 満足：心の奥からの深い満足感と幸福を感じています。これは、自分が行ってきた選択や努力が正しかったという確信からくる心の充足です。日々の小さな成功や幸せな瞬間が、この満足を生み出しています。

逆位置

- 未完成：あなたは、成功の一歩手前にいて、達成までの最後のステップを踏む必要があります。これは、夢や目標を実現するための最終的な努力や持続力を要する時期です。小さな努力や改善が、大きな成果を生む鍵となります。

- 解決されない問題：あなたの前進を妨げている未解決の問題や挑戦があります。これは過去のトラウマ、対人関係での問題、自分自身に対する評価の問題、あるいは個人的な目標への不確実性などさまざまな形を取ります。

  これらの問題に直接向き合い、具体的な解決策を探すことで、障害を取り除き、新しい道への扉が開かれます。

  自己分析や内省を通じて、これらの問題の根本原因に対処し、自分自身の成長や進歩を促すことが、完全な満足感を達成するための鍵となります。

- 遅延：目標達成に向けた道のりに遅れが生じている状態です。こ

れは、自分の能力への不確かな信念や、周囲の障害に起因することがあります。

たとえば「私にはできないかもしれない」という思いや予期しない問題、障害に直面することが含まれます。しかし、これらの遅延は、結果的にあなたをより強くし、達成感を深める機会となるでしょう。

困難を乗り越えて前進することで、最終的に目標を達成した際の喜びや満足感は、より大きなものとなるでしょう。これらの挑戦は、自己信頼を育て、個人的な成長を促す重要なステップです。

④シンボル

- ダンスをしている姿：人生の喜びと自由を表現。ダンスは自己表現の喜びと生命力の溢れるエネルギーを象徴。
- ２本のワンド：力と統制を象徴。個人の力が完全に発揮されている状態をあらわします。
- ２つの赤いリボン：無限と永遠を象徴。人生の循環や終わりのない学びをあらわします。
- 紫色の布：これは精神的な成熟と知恵、そして内面的な豊かさと権威をあらわします。高い精神性や内面の深さをあらわすために使われ、世界においては、個人が達成した成長と内面の富を示します。
- 月桂樹の輪：古代から勝利、名誉、成就の象徴として使われてきました。長い旅の完了、成功の達成、そして努力の報酬をあらわし、世界のカードの中心的なテーマである完全性や達成を強調。
- ４つの顔：これらはタロットの４つのスート（ワンド・カップ・ソード・ペンタクル）を代表し、人生のさまざまな側面が調和していることを示します。

先の「運命の輪」の４つのスートが成長、 達成した姿になって
います。

⑤実践的アドバイス

世界のカードは、人生の旅の完結と新たなはじまりを象徴してい
ます。このカードが示すのは、あなたがこれまでに成し遂げたこと
への認識と、それらから学んだ教訓を今後の人生に活かすことの重
要性です。たとえば、過去の困難を乗り越えて得た経験や知恵を新
しいプロジェクトや挑戦に応用することができます。

また、世界は、未完成のプロジェクトや未解決の問題に再び取り
組むことで、さらなる成長と達成感を得る機会を提供します。人生
の１つのサイクルが完了することで、新しい冒険や可能性への道
が開かれるのです。

まとめ「愚者とともに歩んだ大アルカナの旅」

大アルカナのカードは、心の奥深くに潜む真実を優しく照らし出
し、人生の選択に温かい光を当ててくれます。

この旅は、自己発見を促し、日常の小さな出来事から大きな決断
まで、私たちの心に寄り添うガイドとなります。

心を動かすカードがあれば、それは今のあなたの感情や、これか
ら大切にしていきたい価値観を映し出しているのかもしれません。

大アルカナのカードを友として、あなたの日々にやさしい色彩を
加え、心からの喜びを見つけてください。

タロットの旅は、生活の中で絶えず新たな発見と成長を促し、
「カードが教える普遍的な真実と気づき」が、いつもあなたを優し
く導いてくれます。

第4章　実践！ タロットカードとの対話は超楽しい！

前章では大アルカナの基本に触れたことから、この章はタロット
カードを使って自分自身の大切な気づきを見つける方法に注目して
みましょう。

　タロットリーディングは、未来を予測するだけではありません。
実際には、これは自己発見の旅なのです。

　カード 1 枚 1 枚には、私たちの疑問や悩みに対する貴重な洞察と
理解が込められています。さあ、一緒にタロットの世界をさらに深
く探ってみましょう！

1 カードリーディングは難しくない！ あなたにもできます

基本的なステップ

　ここでは、タロットリーディングをはじめるための基礎的なス
テップを丁寧に解説します。

　"タロットリーディングって神秘的で魅力的" と思いつつ、

　"でも同時に少し難しそう" とも感じていませんか？

　でも心配は無用です！

　基本のステップをマスターすれば、誰でもタロットの世界を楽し
く理解できるようになります。

　それでは、いよいよ、このエキサイティングな冒険をはじめてみ
ませんか？

まずはリラックス

　タロットリーディングの第一歩は、リラックスすること。アロマ
キャンドルを灯して、快適なクッションに座りましょう。落ち着い
た空間で、内面の旅をはじめる準備をします。

タロットカードと心をつなぐ儀式

　新しいタロットカードを使いはじめる際には、カードとの絆を深める特別な儀式を行うことがおすすめです。はじめて手にしたカードを持ち、あなたとの絆を感じながら、一晩枕元に置いてエネルギーを同調させてみてください。この儀式は、新しいカードに慣れ親しむための一歩として、リーディングの準備を整えます。

リーディングの目的を明確に

　「何を知りたいのか？」「どんな答えを探しているのか？」など自分自身に問いかけてみましょう。目的が明確になれば、リーディングはもっと有意義なものになります。

質問の仕方を工夫

　タロットカードには「今日の運勢は？」よりも、「この仕事、成功するかな？」など、具体的な質問の方が答えやすいのです。少しでも知りたい内容を細かく質問することで、カードからの回答はよりわかりやすく具体的なガイダンスを提供してくれます。

直感を大切に

　カードを広げたら、最初に目に留まるカードに注意を向けてください。これがあなたの直感が伝えるメッセージです。カードの絵柄や色が呼び起こす感情や思いに心を開いてみましょう。

カードのメッセージを受け入れる

　タロットカードはときに思いもかけない答えを示します。カードが伝える意味のイメージに対して心を柔軟にし、新しい気づきや視点を受け入れましょう。期待や先入観を一旦脇に置いて、カードが

示す深いメッセージを受け止めることで、自分自身に新たな発見があるかもしれません。

2 カードリーディングのポイントは 質問力にあり！

まずは質問からスタート！

タロットカードとの会話、「どうやってはじめる？」。簡単、まずは質問からスタート！

タロットリーディングって、実は質問がとっても大切なのです。これから一緒に質問のコツを学んでみましょう。

質問のタイプを知ろう

質問には広げて考えるタイプと、イエス・ノーのシンプルなタイプがあります。「私のキャリアの次の一歩は？」や「恋愛をど充実させる？」などが、広げて考える質問の例。

直接的な「この仕事受けるべき？」のようなイエス・ノー質問も便利ですが、答えが単純なため、詳細な答えはちょっと少なめです。

質問の仕方をマスターしよう

何を知りたいのか、どんなアドバイスがほしいのかをはっきりさせましょう。そして、質問は明確でシンプルに。「今後、キャリアアップのために重点を置くべき分野はなのですか？」といった具体的なものがベストです。

質問でアイデアを得よう

「恋愛で注意すべきことは？」や「健康を保つコツは？」など、

自分の状況に合わせた質問を考えてみてください。タロットカードとの対話は、心からの質問ではじまります。

　タロットリーディングで、自分自身の疑問や悩みに向き合い、答えを見つけていきましょう。質問1つで、あなたのタロットの旅はもっと深く、もっと楽しくなるはずです。

3 カードの配置　物語を紡ぐパズルのように

人気の展開法（スプレッド）

　今日からあなたもタロットリーダー！　タロットの魅力的な世界を楽しんでみてくださいね！

　タロットリーディングは、ただカードを選ぶだけではありません。カードの配置や展開には、それぞれの深い意味が隠されています。人気の展開法（「スプレッド」ともいう）について、それぞれの配置や展開が持つユニークなメッセージを一緒に発見していきましょう！

カードのカットとシャッフルの方法

　タロットリーディングをはじめる前に、とっても大事なステップがあります。それはタロットデッキ（そう、フルセットのこと）をシャッフルして、カットすること。シャッフルというのは、カードをランダムに混ぜること。これで、カードにあなたの質問や意図をしっかり伝えることができ、リーディングの精度や深みがグッと上がるんです。

・はじめにカットから

　よくカットしたら、デッキを左手で3つの山にわけて、わけた時と違う順番でもとのデッキに戻します。右手（または利き手）で、カー

ドを扇のように広げてからシャッフル開始。

・**シャッフルのコツ**

　シャッフルは、リーディングのウォーミングアップみたいなもので、カードを手に取って、ゆっくりと右方向に混ぜてみましょう。デッキを広げて自分が気になるカードを選びます。

〔**基本的な占い方法**〕

タロットカードに　　　　②の１つの山を３つにわけ、　　　右回りにシャッフル
ききたいことをつたえる　最初わけたときと違う順番
　　　　　　　　　　　　でまた１つの山に戻す

　この時間が、あなたの意図とカードの絆を深めるんです。

　カットとシャッフルが終わったら、いよいよリーディングの本番です。カードとあなたの意図が同調して、素敵なメッセージが届くはず！

基本の展開法

　簡単にはじめられるものをいくつか紹介します。

・**過去・現在・未来スプレッド**

　左から右へ（①⇨③）とカードを配置し、それぞれがあなたの過去、現在、未来の物語をおりなします。最初のカードは過去の経験を振り返り、中央のカードは現在のあなたを映し出し、最後のカードは未来への扉を開きます。このシンプルながら洞察に富んだスプレッドで、自分の物語の流れを理解し、これからの道を照らしてみましょう。

　このスプレッドでは、左から右へと3枚のカードを並べ、それぞれがあなたの人生の異なる時期をあらわします。

1枚目：過去のカード

　あなたの過去を反映します。これにより、過去の重要な出来事や経験、またその経験が現在のあなたにどのように影響を与えているかを理解できます。

2枚目：現在のカード

　今、この瞬間のあなたの状況を映し出します。現在直面している課題や、感じている感情、そして現在の生活や心の状態を示します。

3枚目：未来のカード

　あなたの未来に光を当てます。このカードは、現在の道を進むことによってもたらされる可能性のある未来の展望や機会を示します。

　このスプレッドを通して、あなたの人生の物語の流れを理解し、未来に向けての気づきやヒントを得ることができます。過去から学び、現在を把握し、未来への道を探るための素晴らしいツールです。

・意思決定スプレッド

　このスプレッドは、「過去・現在・未来スプレッド」の応用版として考えることができます。

　重要な決断を前にしているときに役立つこのスプレッドで、選択

の道を明確にしましょう。3枚のカードを使って、あなたの現在の状況、取るべき行動、そしてその選択が未来にどんな影響をもたらすかを探ります。

1枚目：現在の状況

　あなたが今どのような状態にあるかを示します。このカードから、今抱えている問題や課題についての理解を得られます。

2枚目：取るべき行動

　現在の状況に対する最良のアプローチを教えてくれます。このカードで、どのように進むべきか＜何に注目すべきかがわかります。

3枚目：未来の結果

　選択した道がもたらす可能性のある未来を示します。これは、あなたの決断がどのよな結果につながるのかのヒントを与えてくれます。

　意思決定スプレッドは、複雑な選択の中から最適な道を見つけるのに役立ちます。不確かなとき、このスプレッドがあなたのガイドになり、明確な方向性を示してくれるでしょう。

・1日のカードスプレッド

　第2章で1日のカードスプレッドについて触れましたが、ここではより深く掘り下げてみましょう。

　1日をはじめる前に、タロットカードでその日のエッセンスをキャッチ！　このシンプルなリーディングで、今日に集中すべきポイントや特別なメッセージを発見しましょう。

・朝の1枚引き

　日の出とともに新しいエネルギーをかんじてみませんか？　朝に1枚のカードを選ぶことで、その日に特に意識すべきテーマや気づ

きが明らかになります。毎朝の小さな儀式が、1 日を彩るインスピレーションに。

夜の振り返り

　1 日の終わりに、朝引いたカードをもう 1 度見返し、その日の出来事と照らし合わせてみる
のもよいと思います。カードメッセージがどのように一日の出来事と関連ししたかを振り返り、メモを取ることで、深い理解を得ることができます。

　このスプレッドは、タロットリーディングを日々の生活に取り入れる簡単な方法であり、自分自身をよく知ることに役立ちます。毎日の習慣として取り入れてみると、タロットとのつながりをより強く感じられ、自分自身についてもっと深く理解することができるようになるでしょう。

・毎日の 1 枚引き

　タロットカードと日々のデートを楽しんでみませんか？朝でも夜でも、気の向くままに 1 枚のカードを引いて、その日のガイダンスやインスピレーションを探ります。タロットとの毎日のガイダンスが、生活に新たな色彩と気づきをもたらします。

　下の表のように、感じたことなどをまとめてみましょう！

〔例：感じたことなどのまとめ〕

日にち	引いたカード名	感じたこと	今日の出来事など
3/21	19　太陽	宇宙元旦にこのカードは幸運すぎ！今までやってきたことをこのまま続けていく！　形になるよ！	朝からラッキーが続いた。ファッションデザイナーの卵として、うまくお手伝いできた。

4 タロットの魔法の面白さを自分で体験しよう！

これまで紹介したタロットのコツを使って、実際にリーディングに挑戦してみましょう。

楽しみながらスキルを磨き、カードとの親密なつながりを感じてみてください。

新たなステップへ　～ケルト十字からホロスコープまで～

あなたとカードの絆が深まってきたら、ケルト十字スプレッドやヘキサグラムスプレッド、ホロスコープスプレッドなど、少し複雑なスプレッドにも挑戦してみませんか？これらのスプレッドでリーディングの新しい側面を発見しましょう。

ケルト十字スプレッド

タロットの世界ではこのスプレッドが超定番！

10枚のカードで、あなたの問題や状況を過去から未来まで、あらゆる角度からガッツリ分析します。それぞれのカードが、過去の影響、現在の状況、そして未来へのヒントを教えてくれるんです。隠れた側面までバッチリ捉えて、問題の全体像を見える化するんですよ。要するに、このスプレッドであなたの疑問にズバリ答えを見つけられるかも！

①現在：質問者の現在の状況や問題の核心を示します。
②課題：現在直面している主な障害や課題をあらわします。
③意識的なもの：質問者が現在意識している考えや感情を示します。
④潜在的なもの：潜在的な可能性や、無意識下の影響をあらわしま

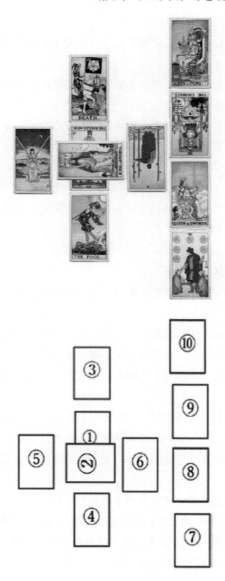

す。

⑤過去：過去に起きたことがどのように現在の状況に影響しているかを示します。

⑥未来：近い将来に待ち受ける展望や、現在の道が何処に向かうかを示します。

⑦自己：質問者自身の問題に対する関わり方を示します。

⑧外的影響：周囲の人々や環境から受ける影響を示します。

⑨希望や恐れ：質問者が内心抱く期待や恐れ、望む結果や心配事を示します。

⑩結果：カードリーディングによる結論や問題の最終的な解決策や結果をあらわします。

ヘキサグラムスプレッド

　複雑な問題や大切な決断があるとき、このスプレッドが頭をすっきりさせてくれます。

　六芒星の形に並べられたカードが、さまざまな角度から物事を照らし出し、新しいアイデアやヒントが生まれます。各カードが異なる視点を提供し、あなたに明確な答えを見つける手助けをしてくれます。

①過去：直面している問題に対しての過去の状況をあらわします。

②現在：問題に対しての現在の状況をあらわします。

③未来の可能性：問題に対しての対処の方法や、未来における展開を示します。

④対応策：問題に対するアドバイスをあらわします。

⑤周辺の環境：周りの人や相手の人の立場や気持ちをあらわします。

⑥質問者の状況：本人が置かれている状況や気持ちをあらわします。

⑦結論：最終的な結果や結論をあらわします。

ホロスコープスプレッド：占星術とタロットで1年間の運勢を観る

このスプレッドを使う方法には2つあります。

1つは、占星術の12ハウスに基づいていて、各ハウスが1年の各月に対応しています。これにより、毎月の運勢を知ることができ、その月に特に注意すべき事柄や活かすべき機会を発見できます。

2つ目は、あなたの性格、潜在能力、願望を深く理解するのに役立ちます。自分自身をもっと深く知りたいときには、このホロスコープスプレッドが最適です。

自分の成長のヒントを探し、来る1年間の運勢や潜在的な可能性をタロットカードで探ってみましょう。

① 自分／1月の運勢

自分の気持ちや状況をあらわします。

自分自身についての深い理解を促し、個人的な成長や発展に向けた道のりを示してくれます。

②物質的な資源、価値観／2月の運勢

自分の才能や資質によって得られるお金に関することやその状況をあらわします。

③コミュニケーション、学び／3月の運勢

人とのかかわり方や勉強運、教養や知識に関することをあらわします。

④家庭・家族／4月の運勢

あなたの生活における「安心と安全の場所」を示します。家庭生活、家族の関係、心の平穏を感じる場所や環境をあらわします。

⑤創造性、恋愛、子ども／5月の運勢

楽しみ、創造性、恋愛の面を示し、子どもや子ども達との関係、あなたの趣味や情熱に関することをあらわします。

⑥日々の生活と健康／6月の運勢

日常生活のルーティン、健康、仕事に関することを示します。

⑦対人関係、協調／7月の運勢

　パートナーシップや結婚、対立や敵対する人との関係を示します。

⑧継承、相続、セクシャリティ／8月の運勢

　ご先祖から受け継ぐものや相続、他人との共有財産や投資に関すること、変化、再生などをあらわします。

⑨探求、専門分野、旅行／9月の運勢

　哲学的な考え、資格や試験、教育に関すること、遠方への旅行運などを示します。

⑩社会的立場、目標／10月の運勢

　キャリア、社会的地位、社会の中で目指す目標や役割などを示します。

⑪友情、仲間、未来の展望／11月の運勢

　友人、仲間との関係、コミュニティーなどの社会的つながり、未来への希望や展望などを示します。

　また、長期的な目標の設定に焦点を当てるとともに、自己実現と成功のチャンスを象徴します。

⑫内面の潜在意識／ 12 月の運勢

無意識の感情や隠れた思考、内面の深層をあらわします。

⑬総合的なメッセージ、最終予想

全体のリーディングを通じて得られた洞察やメッセージを統合し、
リーディングの締めくくりとしてのアドバイスや質問に対する最終
的な結果をあらわします。

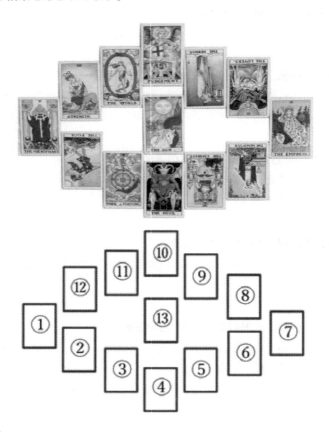

第5章 小アルカナは日常の中での
メッセージとヒントを
伝えてくれる

小アルカナは実は日常のヒントの宝庫なのです。この第5章では、そんな小アルカナがどうやって私たちの日々を映し出し、役立つ気づきをくれるのかを見ていきます。

　普段のちょっとした瞬間から大きな決断の時まで、小アルカナはいつも私たちと一緒。

　この章で、小アルカナの素敵な世界に一歩踏み出して、日常に隠れたメッセージやヒントを一緒に見つけていきましょう。

1 小アルカナカードは
　　日常生活のヒントを教えてくれる

日々のドラマを映し出す小アルカナ

　毎日のちょっとした瞬間や感情の波、小さな挑戦やラッキーチャンス、そんな日常のドラマを小アルカナカードが映し出します。

　全部で56枚のカードが、ワンド、カップ、ソード、ペンタクルの4つのスートにわかれて、私たちの日常を色鮮やかに描き出します。生活のさまざまな問題について、具体的なアドバイスを与えます。

スートとは

　「スート」とは、タロットの世界でカードを4つのグループにわける言葉。火、水、風、地の四大元素を象徴するこれらのスートは、タロットの小アルカナにおけるカードのグループわけを表します。

　これらの元素は、私たちの日常生活における異なる側面や感情、行動を象徴し、タロットリーディングに深みを与えます。各スートは、その元素が持つ特性を反映し、私たちの体験や挑戦、チャンスをいろいろな角度から見せてくれています。

大アルカナとの関係

　大アルカナカードが大きな人生のテーマを描くのに対し、小アルカナはもっと私たちの身近なストーリーに注目します。特に「魔術師」のカードは、小アルカナのスートともしっかりと結びついていて、日常の出来事をより豊かに描き出しています。

2　小アルカナカードは 56枚で小宇宙をつくってる

　ここでは、小アルカナカードの世界を案内しますね。56枚のカードからなる小宇宙は、私たちの体験や感情を繊細に描き出します。
　この56枚のカードは、40枚の数札カードと16枚のコートカード（人物カード）にわかれ、それぞれのカードは私たちの日常の体験や感情を詳細に表しています。

ワンドのスートとは

　ワンドのカードは、あなたの情熱と行動力を火のように燃やしてくれる魔法の棒みたいです。夢を現実に変えるためのエネルギーが満ち溢れています。
　ただし、情熱をコントロールしないと、火のように激しく燃え上がり、破壊的になることも。だから、エネルギーの使い方には注意が必要です。
　ワンドは緑の葉が茂った棒を通して、大地から湧き出る生命力と太陽の活性エネルギーを示しています。これは、新しい計画や創造的なアイデアを実現にピッタリ！　ただ、火の元素はコントロールが大事。ワンドのカードは、このネルギーを効果的に使うヒントを教えてくれます。職業や芸術、自己開発など、活動的に取り組む分

野で役立つアドバイスが満載です。

カップのスートとは

　カップのカードは、あなたの感情の海を渡る航海士。愛や喜び、内面の世界を探索するのに最適なパートナーです。カップは、あなたの流れる感情を優しく受け止め、内面の旅をサポートしてくれます。

　カップは、心の奥深くにある感情や体験を象徴し、自由な動き、オープンな心、無限の可能性をもっています。愛（与える愛・受け取る愛）、喜び、調和、平和などの感情の豊かさを表現します。これは、自己探究と事故人s記のプロセスを描き、自分自身の本当の姿を理解するのに役立つツールです。

ソードのスートって

　ソードのカードは、あなたの思考を風のように鮮やかにする知性の剣。クリアな思考、的確な判断、鋭い言葉の使い方を教えてくれるんです。時には、頭の中のカットや難しい決断の瞬間にも力を発揮します。

　風の元素が持つ変化と動きの力を借りて、ソードは新しいアイデアや視点をもたらします。思考の世界を風のように変えるこのカードは、あなたに新鮮な思考や解決策を提供してくれるでしょう。

ペンタクルのスートって

　ペンタクルのカードは、あなたの日常生活、お金、健康のような地に根差したテーマをしっかりととらえます。まるで、地のように、安定感あふれ、豊かな成果をもたらす信頼できるカードです。

　ペンタクルは、物質的な成功や安全、豊かさへの道を示してくれ

ます。長期的な発展や持続可能な成長を象徴していて、実用的な行動や堅実な基盤を重視します。地の元素のように、しっかりとした形をつくり上げ、具体的な成果を生み出すプロセスを描き出します。現実的な取り組みに焦点を当て、日々の生活にしっかりと根差したアドバイスをくれるんです。

　これらのスートと元素がつくる物語は、日常に役立つヒントやアイデアがいっぱい。それぞれのスートのカードが、私たちの日々のいろいろなシーンを照らし出して、より豊かな体験へと誘ってくれます。日常生活の中で、これらのカードが見せる多彩なメッセージやそのときどきの気づきに耳を傾けてみましょう。

3　日々のキラキラを見つける数札カード

ワンドの数札カード

〔エース〕新しいはじまり 創造的なエネルギー

　新たなプロジェクトや情熱的な活動をはじめたいという強い意欲があるときにあらわれます。

　あなたが新しいアイデアやインスピレーションに満ち溢れている状態を示しています。

〔2〕計画のバランス：意思決定

　このカードは選択肢を考え、計画を立てる必要があるときに出現することが多いです。あなたが次の一歩をどう進むか決めるときのバランスと調和を象徴しています。

〔3〕成長の初期段階：協力

　新しい事業やプロジェクトが順調に進んでいるとき、またはチー

ムワークや共同作業が重要なときに出ることがあります。

〔4〕安定：成果の実感

　努力した成果を実感しはじめているときにあらわれることがあります。あなたが達成したことに自信を持ち、しっかりと地に足をつけている状態です。

〔5〕競争：挑戦

　対立や小競り合いが発生しているときに出現します。あなたが自分の立場を守るために戦っていることを示しています。

〔6〕勝利：達成

　あなたが何かの成功を収めたとき、または努力が認められた時にあらわれます。

〔7〕防御：持続

　現在の地位や成果を守るために戦っているときに出ることがあります。

〔8〕急速な進展：変化

　物事が急ピッチで動いているときにあらわれることがあります。新しい機会が訪れ、迅速な行動が求められる状況です。

〔9〕持続力：忍耐

　長期的な目標に向かって耐え忍んでいるときに出現することがあります。

〔10〕完成：責任

　大きなプロジェクトや課題を成功させ、その重責を担っているときに出ることがあります。

カップの数札カード

〔エース〕新しい感情 愛のはじまり

　新しい愛や親密な関係への期待と希望に満ち溢れていることを示します。感情的な出発点をあらわし、新たな恋愛の可能性や深い感情的な絆の発展を予感させます。このカードは感情的な開放性と恋愛や友情における新しいチャンスへの準備ができている状態を反映しています。

〔2〕恋愛の絆：調和

　深い感情的な絆やパートナーシップを象徴し、恋愛関係や親密な友情が重要なときに出ることがあります。

〔3〕喜びの共有：友情

　喜びと友情のわかち合いをあらわしています。このカードが出るときは、人々と楽しく交流し、社交的な関係が盛んな時期をあらわしています。友達との楽しい時間や周囲の人々との温かいつながりが強調されている状態です。

〔4〕不満：再考

　現状に対する不満足感や心のむなしさを感じているときに出現することがあります。

　心を見つめ直し、新しい夢を見つける時です。

〔5〕失望：悲しみ

　何か大切なものを失ったときや、心が傷ついているときに出ることがあります。

〔6〕過去の思い出：幸福

　過去の幸せな記憶を反映し、懐かしい思い出に浸っているときに出現することがあります。

〔7〕幻想：選択

　選択の必要性を示し、現実からの逃避や重要な決断を迫られているときに出ることがあります。

〔8〕放棄：新しい出発

　過去の感情や関係を手放し、心の中の整理を計っている時期を意味しています。古い愛情や感情的なつながりから解放され、新しいスタートに向けて心を開く準備ができている状態を示しています。

　このカードは感情的な束縛からの解放と、新しい感情的な経験や冒険に向けて一歩を踏み出す勇気を象徴しています。

〔9〕満足：幸福

　心が満たされていて、幸せと安心を感じていることを示しています。心の中で平和を見つけ、感情的な面で大きな成長を達成したことを示します。

〔10〕完全な幸福：家族の喜び

　家庭の喜びや完全な心の充足を象徴し、家族や愛する人々との深い絆を感じているときに出ることがあります。

ソードの数札カード

〔エース〕新しい洞察：明晰な思考

　新しい理解や鋭い思考を示し、新しいアイデアや解決策が必要なときに出ることがあります。

〔2〕決断の必要性：バランス

　重要な決断を迫られていて、その選択が心の中で葛藤を引き起こしている状況を反映しています。

　感情と理性、実用性と理想、または現実と願望など、異なる要素間の調和を図る必要があります。

〔3〕心の痛み：悲しみ

　このカードは深い悲しみや心が傷ついていることをあらわします。たとえば、別れや失恋など、心が痛む出来事が起きたときにあらわれることがあります。

〔4〕休息：回復

　休息と癒しの時期をあらわします。疲れた心と体を休め、エネルギーを回復する必要があるときに出ることがあります。

〔5〕紛争：不調和

　人との衝突やトラブルを示します。友人や同僚との意見の不一致や対立があるときに出ることがあります。

〔6〕移行：旅

　新しいスタートや変化を示します。引っ越しや新しい職場など、生活環境の変化が起こるときに出ることがあります。

〔7〕策略：計略

　複雑な状況に対して賢い対処や慎重な計画が必要なときをあらわします。このカードが出るときは、普通の方法では解決できない難しい問題に直面しており、状況を巧みに操るためのちょっとした知恵や工夫が求められます。

　しかし、このカードは悪知恵や不正を推奨するものではなく、状況を正しく理解し、賢く対応することの重要性を教えてくれています。短期的な利益よりも、長期的な視点と倫理的な判断が必要であることを示しています。

〔8〕制限：閉じ込め

　自分自身の心がつくり出す制約や束縛を象徴しています。外部からの制限だけでなく、自分自身の思い込みや恐れが自由を妨げている状況です。たとえば、自分にはできないというネガティブな思考や、リスクを恐れて新しいチャレンジから逃げる心理状態をあらわしています。

〔9〕不安：心配

　心配や不安が増している状態をあらわします。何かについて深く悩んでいるときや、恐れを感じているときにあらわれることがあります。

〔10〕完全な損失：終わり

　このカードがあらわれるとき、それは何か重要な幕が閉じられ、新たなはじまりに向けた準備が必要であることを示唆しています。プロジェクトの完了、関係の終わり、または大きな生活の変化など、さまざまな形であらわれることがあります。

　重要なのは、このカードが終わりを告げると同時に、新しいはじまりへの道が開く可能性も示していることです。

ペンタクルの数札カード
〔エース〕新しい物質的な機会：豊かさ

　新しい収入の機会や財産の増加を示し、金銭面でのよいニュースがあるときを示します。このカードは新しい仕事のチャンス、昇給、または意外な収益源など、金銭的な恵みやチャンスを象徴しています。

〔2〕バランスのとれた変化：柔軟性

　金銭面や物質的なものに対するバランスを取る必要があることを示し、予算の管理や支出と収入のバランスがテーマになるときに出ます。

〔3〕協力：初期の成果

　一緒に働くことで成果が上がりはじめることを示し、ビジネスやプロジェクトでの初期の成功や協力が重要になるときに出ます。

〔4〕安定：貯蓄

　財産の蓄積や安定した経済状態をあらわし、節約や資産の確保が焦点になるときに出ることがあります。

〔5〕貧困：不安

　お金の問題や物質的な不安を示し、財政的な困難や金銭的な制約を経験しているときに出ます。

　お金に対する不安や、困難を乗り越えるヒントなど、安心を見つ

けるきっかけになります。

〔6〕寛大さ：わかち合い
　他人に対する寛大さや思いやりを象徴し、人助けや寄付など、他者への援助がテーマになるときに出ます。

〔7〕評価：計画
　このカードが出るときは、あなたが現在、長期的な目標に向けてコツコツと努力していることを示し、その成果がすぐには見えなくても地道な努力が最終的には報われることを暗示しています。焦らず、一歩一歩前進し続けることの重要性を教えてくれるカードです。

〔8〕努力：実務
　堅実な努力と仕事の達成をあらわし、一生懸命働くことで報われる時期を示します。
　地道で謙虚な努力により、夢を叶える一歩手前に。自分への信頼と努力の価値を再認識し、今後も気を抜かず前進しましょう。地道な取り組みが夢を現実に変えます。

〔9〕繁栄：安心
　経済的な安定や豊かさを示し、金銭的な面での成功や快適な生活を楽しんでいるときに出ることがあります。

〔10〕豊かさ：家庭
　このカードは、表面上の物質的な豊かさや家族の幸せを越え、先祖や家族の歴史に根ざした深いつながりと、それが現在の生活にもたらす恩恵を示しています。先祖から引き継がれた価値観や伝統、

または家族の中で築かれた財産などが、現在の安定や豊かさの基盤
となっていることを意味しています。

4　本当のあなたを発見できるコートカード

コートカードとは

　コートカードは、タロットカードの中の特別なカードです。

　大アルカナのカードは、私たちの心の中に存在する普遍的なキャ
ラクターやシンボルを表しています。これらのカードは、人間の共
通の体験や特性を象徴するイメージでいっぱいです。たとえば、「皇
帝」というカードは、力強いリーダーシップや権威を持つ人を示し、
日常生活の中での社長や父親のような存在を連想させます。

　一方で、コートカードは、より具体的な人間関係や個々の性格の
特徴を描いています。これらのカードは、各スート（ワンド、カッ
プ、ソード、ペンタクル）ごとに4枚ずつあり、キング（王）、クィー
ン（女王）、ナイト（騎士）、ペイジ（従者）の4つの役割を持つ人
物たちを表現しています。彼らは、私たちの周りにいる人々や私た
ち自身のさまざまな側面を映し出し、より詳細な人間模様や心理的
な特性を浮き彫りにします。

あなたはどのタイプ？
キング（王）カード

ワンドのキング：活力と創造的
　　　　　　　なエネルギーを
　　　　　あらわします。情熱的で、新しいアイデアやプロジェ
　　　　　クトを推進する力があり、チームを鼓舞して目標達
　　　　　成に向けてリーダーシップを発揮します。

カップのキング：このカードは、感情の深さと理解力を象徴。柔軟
　　　　　　　　で、他人の気持ちに対して寛容な態度を持つことを
　　　　　　　　示唆。他人の気持ちに敏感に反応し、チームや関係
　　　　　　　　を育む役割を果たします。

ソードのキング：知的で分析的な思考が特徴です。公平さと論理的
　　　　　　　　な判断力を持ち合わせていることを意味します。
　　　　　　　　知識と洞察によってリーダーシップを発揮し、冷静
　　　　　　　　な判断力で困難な状況に対処します。

ペンタクルのキング：実用的で現実的なアプローチを象徴し、財務
　　　　　　　　的な安定や物質的な成功を達成する能力を持ってい
　　　　　　　　ます。地道な努力と賢明な投資によって、持続可能
　　　　　　　　な経済的な成功を築きます。

クィーン（女王）カード

ワンドのクィーン：自身と情熱を
　　　　　　　　あらわします。
　　　　　　　　自分の目標に積極的に行動する力があります。

カップのクィーン：直感的で感情的な豊かさを持っています。内面
　　　　　　　　の感受性や他人への共感力が強いことを示します。

ソードのクィーン：自立心と鋭い知性が特徴。冷静で、論理的な思
　　　　　　　　考を重視する態度を持っていることを意味します。

ペンタクルのクィーン：実務的で世話好きな性格を象徴し、組織的
　　　　　　　　で、物事を現実的に管理する能力を持っています。

ナイト（騎士）カード

ワンドのナイト：冒険心があり、自由を求める傾向。
　　　　　　　　新しい体験やチャレンジに対する強い欲求を持ち、

挑戦に果敢に立ち向
かい、成長と学びを
追求します。

カップのナイト：ロマンチックで夢見る心を持っています。感情的
　　　　　　　　で、理想を追求する傾向。情熱的な夢を追い求め、
　　　　　　　　愛と感動の深い探求者です。

ソードのナイト：勇敢で攻撃的な態度が特徴。決断力があり、積極
　　　　　　　　的に行動することを意味。常に冷静な判断力を持ち、
　　　　　　　　困難な状況にも果敢に立ち向かいます。

ペンタクルのナイト：忍耐強く、着実な進歩を重視。目標に向かっ
　　　　　　　　て堅実に努力する姿勢があり、困難に立ち向かいな
　　　　　　　　がらも決して諦めません。

ペイジ（従者）カード

ワンドのペイジ：新しいはじまりと
　　　　　　　　情熱を象徴。エネル
　　　　　　　　ギッシュで新たな冒
　　　　　　　　険に取り組む傾向。

カップのペイジ：感情的な成長と創造性をあらわします。新しい感
　　　　　　　　情やアイデアに開かれていることを意味します。

ソードのペイジ：好奇心が強く、新しい知識や学びに対する渇望を
　　　　　　　　持ち、発見と探求に対する情熱的な精神が深く根つ
　　　　　　　　いていることを示しています。

ペンタクルのペイジ：学ぶことへの強い興味と新しいチャンスへの
　　　　　　　　積極的な探求を示しています。学習への熱心な取り
　　　　　　　　組みと、新たな可能性に目を向ける好奇心旺盛な容
　　　　　　　　姿が見て取れます。

153

本当のあなたを発見できるコートカード
あなたはどのタイプ?!

ペンタクル

ペイジ：新しいチャンスに目を光らせ、学ぶ意欲が強い

ナイト：一歩一歩確実に目標に向かい努力する人

クィーン：世話好き・安心感を与える人

キング：地に足がついていて、実際的な成功を目指す

ソード

ペイジ：常に新しい知識を求め、学ぶことが好き

ナイト：理想を追い求め、素早く考え行動する

クィーン：賢明で正直な意見を恐れずにいえる人

カップ

ペイジ：素直で心が清らか・感動をすぐに感じ取る

ナイト：夢追い人・恋愛や情熱に生きる

クィーン：愛情深く、人の心に響く直感を持つ

キング：感情を大切にし、人の気持ちに深く寄り添える人

ワンド

ペイジ：好奇心旺盛・潜在的成長を秘めている

ナイト：冒険好き・常に新しい挑戦を楽しむ若者

クィーン：周りを明るくする魅力・勇気を与える

キング：熱い心を持ち、目標に向かって力強く進む

第6章 さあ！
78枚のタロットカードで
占ってみよう

6章では、今まで触れてきたすべてのカード７８枚を使って、本格的なリーディングにチャレンジしてみましょう。

人気のあるケルト十字やヘキサグラムスプレッドを使って、カードの意味を深く掘り下げ、もっと複雑なリーディングに挑戦することを楽しみましょう。これらのスプレッドを通して、カードの組み合わせが生み出す豊かなストーリーを解き明かす楽しさを体験してみましょう。

1 タロットリーディングの要！ ケルト十字スプレッド

質問

お花の寄せ植えの資格を取り、毎日いろいろなお花の色や形を絵に描いています。次にどんなことを学ぶとキャリアアップにつながりますか？

①現在 吊るされた男（逆位置）

あなたは今、少し立ち止まっているような気持ちかもしれません。新しい考え方を試すのに少し躊躇している様子です。

②課題 ソードのキング

あなたの前に立ちはだかっている課題は、もっと計画的に物事を考えること。頭を冷静にして、しっかりと考える必要があります。

③意識的なもの（願望）死神

変わりたいという強い気持ちがあるようです。古いものを手放して、新しいことをはじめる準備ができています。

④潜在的なもの 愚者

心の奥底では、新しい冒険をはじめたいという願望があります。思いきって新しい一歩を踏み出す勇気がありそうです。

⑤過去 ソード2

過去には、大切な決断をした時期がありました。その選択が、今のあなたを形づくっています。

⑥未来 ワンド3 （逆位置）

これから先、計画が思うように進まないことがあるかもしれません。もっと具体的な目標を立てることが大切です。

⑦自己（質問者自身）ペンタクル6

あなたは誰かと協力することに価値を見出しています。人とのかかわりが、あなたの成長につながります。

⑧外的影響 ソードのクィーン

周りの人から、冷静で賢いアドバイスをもらえる状況です。その意見が、あなたの考えによい影響を与えます。

⑨希望や恐れ 戦車 （逆位置）

どの方向に進むべきか、迷いがあるかもしれません。はっきりとした目標を持つことが大切です。

⑩結果 カップのクィーン

最終的には、心の満足が得られるでしょう。自分の感情に正直になり、心の充実を図りましょう。

全体的な解説

　このリーディングは、あなたが今、変化の時期にいることを示しています。新しいことにチャレンジするために、もっと計画を立てて、冷静な判断が必要です。

　周りの人たちのアドバイスをききながら、自分の心に正直に行動してください。そうすることで、キャリアでも個人的な成長でも、新しい充実感を得られるでしょう。

2　あらゆる問いに答えます！ ヘキサグラムスプレッド

質問

　約10年間、ヨガを習っています。ヨガの講師を目指したいと思うようになりました。どうしたら自分らしく教えられますか？

①過去 女教皇

　あなたはヨガについてたくさん学んできました。静かに考える時間があったことが、あなたを強くしてくれました。

②現在 ワンド9（逆位置）

　ヨガの講師を目指す夢に向かっていますが、この目標を周りに話せず、孤独を感じているかもしれません。さらに、ヨガの練習で、以前感じていた達成感が最近では得られにくくなっていることも、あなたにとっての課題かもしれません。

　この状況は、新しいキャリアへの道で1つの障害となりますが、これを乗り越えることで、ヨガ講師としての自分を発見し成長することができるでしょう。

③未来 ワンドのペイジ

これから新しいやり方を学ぶチャンスが来ます。ワクワクするようなことをはじめることができるでしょう。

④対応策 法王（逆位置）

現在の閉鎖的な状況を変え、新しい可能性に目を向けてみましょう。法王の逆位置は、新しいアプローチを試すことの重要性を示唆しています。ヨガ講師や仲間からのフィードバックや提案を受け入れることにより、あなたは自分の閉鎖的な状況を打破し、自分らしい表現方法を見つけ、ヨガ講師としてのキャリアを次のレベルに引き上げることができるでしょう。

⑤周辺の環境 ワンド7

ヨガスタジオやコミュニティー内での競争が激しく、それが嫉妬や対立を生んでいるのかもしれません。特に講師のポジションやクラスの人気などに関連する競争が、ストレスのみなもとになっています。

このことから、2現在の状況ワンド9は、先に応えた内容ではなく、この競争的な環境によって、あなたは孤立感があり、講師になりたいという願望がありつつも、現在の環境での

人間関係の複雑さや、自己表現の場が制限されていることに心を痛めている状態です。

⑥質問者の状況 カップ5

あなたはヨガの仲間や環境からの嫉妬や対立により、心が傷ついているかもしれません。この感情は、自分自身がヨガの道でどのように進むべきか、どのように振る舞うべきかについて、内省と自己

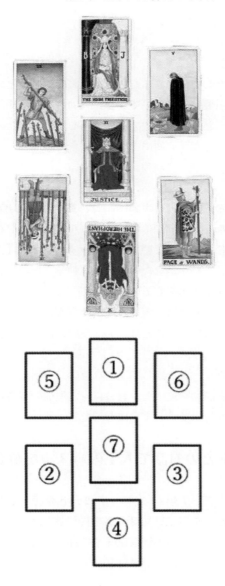

成長を促しています。

⑦結論 正義

　ヨガの講師として成功するためには、講師や生徒との関係におけるバランスが重要です。公平でバランスのとれた関係性を築くことは、教える立場として不可欠です。これを実現するためには、自己成長と他者への配慮が必要になります。

全体の解説

　このリーディングは、ヨガ講師についての道において、技術的なスキルだけでなく、人間関係の構築やカルマの法則を意識することが重要であることを示しています。カルマの概念は、【正義】のカードによって強調され、あなたの現在の行動や選択が将来どのような結果をもたらすかを示唆しています。

　現在直面している挑戦や困難な感情を克服し、柔軟な思考と公平な関係性の構築に努めることは、あなたのカルマをよい方向に導くことにつながります。

　こうしたアプローチを通じて、あなたはヨガ講師としてのキャリアでバランスと調和を達成し、自分自身と生徒の双方にとって最高のヨガの体験を提供できるようになるでしょう。

3 タロットとの対話で人生のパズルを解き明かす

　この章を通じて、78 枚のタロットカードを使って占うことの奥深さと、それがもたらすワクワク感を共有できたことをうれしく思います。各カードが持つ多様な意味やそれらが組み合わさることで生まれる無限の可能性は、タロットリーディングの本質的な魅力の

162

一部です。

タロットともに成長する

　特に、ヘキサグラムスプレッドでは、カードの読み方が変わることで新たな洞察が得られることがあります。例えば「ワンド9」のカードが最初に示した閉鎖的な状況が、リーディングを進めるうちに新たな意味を持ちはじめたことは、タロットの予測不能性が、新しいアプローチや解決策を見つけるための大切な手掛かりとなります。

自己発見の道しるべ

　リーディングを進めることで、個々のカードの意味が展開し、変化することにより、私たちは内面的な変化と進化を経験することができます。これにより、私たちはより自己認識を高め、感情的な成熟を促進し、人生の方向性を再評価するきっかけを得ることができるのです。

人生を彩るタロットの旅

　タロットリーディングは単なる占い以上のものです。自己発見の旅であり、内面の探究や人生の指針を見つける手段です。この章で触れたアイデアを使って、ぜひ自分自身でリーディングに挑戦してみてください。毎日の選択がより意味深いものに。

　あなたの直感とタロットが織りなす物語が、新たな洞察やインスピレーションをもたらすことでしょう。

タロットで紐解く自己発見

　リーディングを楽しむこと、自分自身に問いかけること、そして答えを探求することの喜びを、ぜひ体験してみてください。それぞれのカードには、あなたの人生における重要なメッセージが隠されています。

　自分は何をしたいのか？なぜ今ここにいるのか？　そして人生で達成したいことは何かといった深い問いに対する答えも、タロットの中に見つけることができるでしょう。

　それぞれのカードが織りなす物語は、あなた自身の物語と重なり、新たな洞察や発見をもたらします。この解読の旅を楽しんで、タロットの人生のさまざまな側面を探してみてください。本書を通じて、タロットカードの謎めいたイメージを１つひとつ紐解いてきました。それぞれのカードは私たち自身の内面と深くつながっていることを感じていただけたのではないかと思います。

　カード１枚１枚が、あなた自身の心の奥底に眠る感情や願い、恐れや希望を映し出すことによって、自分自身との対話を深め、内なる声に耳を傾ける機会を得ました。それはまるで、心の中の小さな灯りをたどるかのように、あなたを内なる平和へと導く光となります。

　タロットの旅は、単に未来を占うためのものではなく、自分自身を理解し、人生の道を照らすための道具です。カードとともに過ごした時間は、あなたにとって自分自身への愛と受け入れを深める貴重な瞬間でした。

　「タロットが導く！私へ還る巡礼の旅」は、あなたが自分自身との関係を豊かにし、人生の意味を探求する旅のはじまりに過ぎません。タロットのメッセージをきき、内なるガイドとして活用することで、人生に豊かさが訪れます。

おわりに
〜あなたの知らなかった本当のあなたに出会える〜

　最後まで本書を読んでいただき、心から感謝申し上げます。タロットの世界は、内面の探求と自己発見の旅です。この旅をはじめる一歩として、本書を手に取ってくださったことに深く感謝いたします。

　私自身の体験を少しお話すると、タロットとの日々の対話が、私の人生にクリアな方向性をもたらしました。

　たとえば、ある時、私は２つの道の間で迷っていました。どちらも魅力的で、どちらを選ぶべきか決めかねていました。そのとき、タロットは私に「悪魔」のカードを見せました。そのカードを見た瞬間、「ハッ！」と気づきました。本当にやるべきことは、「カップのクイーン」に示されていたのです。

　このように、私の欲張りな心をタロットカードは見透かし、私に必要な内面の洞察を示してくれるのです。

　もし迷いが生じたとき、タロットカードがすぐ手元にない場合でも、その瞬間の感情や疑問を大切にして、本書を開いてみてください。あなたが求める答えが、ここにあるかもしれません。本書は、日々の小さなガイドとして、また心の慰めとしてそばに置いていただけたら嬉しいです。いつでも、何度でも、あなたの必要とするときに、本書を手に取ってください。

　本書と同様に、タロットカードもまた、自己発見と内面への洞察の旅を促すツールです。

　タロットのカード１枚１枚には、それぞれに深い意味と物語が込められています。たとえば、「隠者」のカードには、自分自身と向き合うための静けさと光が描かれています。毎日の生活の中で、

ちょっとした瞑想の時間を見つけてみませんか？　静かな時間を過ごすことで、自分の内なる声に耳を傾け、心の平和を見つける手助けになります。

　その内なる声に耳を傾けるため、タロットカードを使用するときの注意点をお伝えします。

　タロットを使った旅は、自己発見と内面の洞察を深める素晴らしい方法です。しかし、最も充実した体験を得るために、いくつかのポイントに注意していただきたいと思います。

・同じ質問の繰り返し
　タロットリーディングで得られる答えに不安や疑問を感じることは自然なことです。しかし、何度も同じ質問を繰り返してしまうと、メッセージが曖昧になりがちです。一度リーディングを行った後は、その答えを信じて、しばらくの間は同じ質問を避け、内省に時間を使いましょう。

・シャッフルやカットの方法
　タロットカードをシャッフルやカットする方法は多岐にわたります。大切なのは、あなたがやりやすいと感じる方法を見つけることです。カードとのつながりを感じ、直感を信じてください。そうすることで、リーディングがより個人的なものになります。

・カードの並べ方
タロットリーディングにはさまざまなスプレッド（カードの並べ方）があり、著者や伝統によって推奨される方法は異なります。「これだけが正しい」というスプレッドは存在しません。あなたにとって

意味があり、理解しやすいスプレッドを選んでください。経験を積むにつれて、自分に最適なスプレッドが見えてくるでしょう。

　タロットは単なる占いを超え、私自身の自己理解と成長のための鏡となっています。タロットカードは私たちの内面に潜む真実や未解決の問題を浮かび上がらせ、私たちがその答えを自ら見つけ出せるよう導いてくれます。

　本書の出版を快く引き受けてくださった株式会社セルバ出版の森忠順様、本を書くきっかけをくださった株式会社インフィニティの高島先生、そして常に支えてくれたタロットの生徒さんたちにも心からの感謝の気持ちをあらわします。皆様のおかげで、本書を完成させることができました。本当にありがとうございます。

　最後になりましたが、この本を手に取って下さり、タロットとともに歩む旅を始めてくださったすべての読者の皆様に、改めて深く感謝いたします。あなたの人生が光に満ち、真実の自己に出会えることを願っています。

　本書を通じて、タロットカードの深いメッセージを感じ取り、それをあなたの人生の旅と自分軸の発見に役立てていただければ、それ以上の喜びはありません。

　心から感謝を込めて。

やはた　えつこ

著者略歴

やはた えつこ

天空の星々や雲の流れを眺めるのが好きで、いつしか宇宙や古代の歴史の謎についても考えるようになり、星や神話の世界と深いつながりのあるタロットカードリーディングにたどりつく。2012 年よりプロのタロット鑑定士としての活動を開始。生命の樹に関する研究と実践に取り組みながら、現在はタロットの深遠な世界を親しみやすい切り口で伝えるべく講師活動を行っている。

イラスト：none

タロットが導く！ 私へ還る巡礼の旅
自分らしい生き方を手に入れるための秘訣

2024 年 3 月 29 日 初版発行

著 者	やはた えつこ　ⓒ Etsuko Yahata
発行人	森　忠順
発行所	株式会社 セルバ出版 〒 113-0034 東京都文京区湯島 1 丁目 12 番 6 号 高関ビル 5 B ☎ 03 (5812) 1178　FAX 03 (5812) 1188 https://seluba.co.jp/
発 売	株式会社 三省堂書店／創英社 〒 101-0051 東京都千代田区神田神保町 1 丁目 1 番地 ☎ 03 (3291) 2295　FAX 03 (3292) 7687

印刷・製本　株式会社 丸井工文社

Printed in JAPAN
ISBN978-4-86367-881-1